Vishwajit K. Barbudhe
Shraddha N. Zanjat
Bhavana S. Karmore

Programação Python

Vishwajit K. Barbudhe
Shraddha N. Zanjat
Bhavana S. Karmore

Programação Python

ScienciaScripts

Imprint

Any brand names and product names mentioned in this book are subject to trademark, brand or patent protection and are trademarks or registered trademarks of their respective holders. The use of brand names, product names, common names, trade names, product descriptions etc. even without a particular marking in this work is in no way to be construed to mean that such names may be regarded as unrestricted in respect of trademark and brand protection legislation and could thus be used by anyone.

Cover image: www.ingimage.com

This book is a translation from the original published under ISBN 978-620-4-73328-9.

Publisher:
Sciencia Scripts
is a trademark of
Dodo Books Indian Ocean Ltd. and OmniScriptum S.R.L publishing group

120 High Road, East Finchley, London, N2 9ED, United Kingdom
Str. Armeneasca 28/1, office 1, Chisinau MD-2012, Republic of Moldova, Europe
Printed at: see last page
ISBN: 978-620-7-97377-4

Conteúdo

PROGRAMAÇÃO PYTHON

OBJECTIVOS:
* Ler e escrever programas Python simples.
* Desenvolver programas Python com condicionais e loops.
* Para definir funções Python e chamá-las.
* Utilizar estruturas de dados Python - listas, tuplas, dicionários.
* Para fazer entrada/saída com ficheiros em Python.

UNIDADE I
INTRODUÇÃO DADOS, EXPRESSÕES, DECLARAÇÕES
Introdução ao Python e instalação, variáveis, expressões, declarações, tipos de dados numéricos: Int, float, Boolean, string. Tipos de dados básicos: lista --- operações de lista, cortes de lista, métodos de lista, ciclo de lista, mutabilidade, aliasing, clonagem de listas, parâmetros de lista. Tupla --- atribuição de tuplas, tuplas como valor de retorno, métodos de tuplas. Dicionários: operações e métodos.

UNIDADE II
FLUXO DE CONTROLO, LOOPS
Condicionais: Valores e operadores booleanos, condicional (if), alternativa (if-else), condicional encadeada (if-elif-else); Iteração: instruções break, continue.
Funções--- função e sua utilização, palavra-chave pass, fluxo de execução, parâmetros e argumentos.

UNIDADE III
FUNÇÕES AVANÇADAS, MATRIZES
Funções úteis: valores de retorno, parâmetros, âmbito local e global, composição de funções, recursão; Funções avançadas: lambda, map, filter, reduce, compreensões básicas de tipos de dados.
Matrizes em Python: criar uma matriz, aceder aos elementos de uma matriz, métodos de matriz.

UNIDADE IV
FICHEIROS, EXCEÇÕES
E/S de ficheiros, tratamento de excepções, introdução a bibliotecas padrão básicas, instalação do pip, demonstração de módulos: Turtle, pandas, numpy, pdb, Explorar pacotes.

UNIDADE V
OOPS , QUADRO
Conceitos de Oops: Objeto, Classe, Método, Herança, Polimorfismo, Abstração de dados, Encapsulamento, **Frameworks Python:** Explorar a framework django com um exemplo
RESULTADOS: Após a conclusão do curso, os alunos serão capazes de
* Ler, escrever e executar manualmente programas Python simples.
* Estruturar programas Python simples para resolver problemas.
* Decompor um programa Python em funções.
* Representar dados compostos utilizando listas, tuplas e dicionários Python.
* Ler e escrever dados de/para ficheiros em programas Python

LIVROS DE TEXTO
1   Allen B. Downey, "Think Python: How to Think Like a Computer Scientist", 2ª edição, actualizada para Python 3, ShroffZO^c Reilly Publishers, 2016.
2   R. Nageswara Rao, "Core Python Programming", dreamtech
3   . Python Programming: Uma Abordagem Moderna, Vamsi Kurama, Pearson
LIVROS DE REFERÊNCIA:
1.   Core Python Programming, W.Chun, Pearson.
2.   Introdução ao Python, Kenneth A. Lambert, Cengage
3.   Aprender Python, Mark Lutz, Orielly

## CAPÍTULO - I

INTRODUÇÃO DADOS, EXPRESSÕES, DECLARAÇÕES

Introdução ao Python e instalação, variáveis, expressões, declarações, tipos de dados numéricos: Int, float, Boolean, string. Tipos de dados básicos: lista --- operações de lista, cortes de lista, métodos de lista, ciclo de lista, mutabilidade, aliasing, clonagem de listas, parâmetros de lista. Tupla --- atribuição de tuplas, tuplas como valor de retorno, métodos de tuplas. Dicionários: operações e métodos.

Introdução ao Python e instalação:

Python é uma linguagem de programação de alto nível, de uso geral, amplamente utilizada. Foi inicialmente concebida por **Guido van Rossum em 1991** e desenvolvida pela Python Software Foundation. Foi desenvolvida principalmente para dar ênfase à legibilidade do código, e a sua sintaxe permite aos programadores exprimir conceitos em menos linhas de código.

Python é uma linguagem de programação que lhe permite trabalhar rapidamente e integrar sistemas de forma mais eficiente.

Existem duas versões principais do Python - **Python 2 e Python 3**.

* Em 16 de outubro de 2000, Python 2.0 foi lançado com muitas novas funcionalidades.

* Em 3 de dezembro de 2008, o Python 3.0 foi lançado com mais testes e inclui novas funcionalidades.

Iniciação à programação em Python:

1) Encontrar um intérprete:

Antes de começarmos a programar em Python, precisamos de ter um interpretador para interpretar e executar os nossos programas. Existem certos interpretadores online como https://ide.geeksforgeeks.org/, http://ideone.com/ ou http://codepad.org/ que podem ser usados para iniciar o Python sem instalar um interpretador.

Windows : Existem muitos interpretadores disponíveis gratuitamente para executar scripts Python como o IDLE (Integrated Development Environment) que é instalado quando instala o software python a partir de **http://python.org/downloads/**

2) Escrever o primeiro programa:

```
#  Início do guião
Declaração
```

```
Declaração2
Declaração3
#  Fim do guião
```

<u>**Diferenças entre linguagem de script e linguagem de programação:**</u>

SCRIPTING LANGUAGE	PROGRAMMING LANGUAGE
A programming language that supports scripts: programs written for a special run-time environment that automate the execution of tasks	A formal language, which comprises a set of instructions used to produce various kinds of output
Execution speed is slow	Compiler-based languages are executed much faster while interpreter-based languages are executed slower
Can be divided into client-side scripting languages and server-side scripting languages	Can be divided into high-level, low-level languages or compiler-based or interpreter-based languages
Easier to learn	Not as easy to learn
Ex: JavaScript, Perl, PHP, Python and Ruby	Ex: C, C++, and Assembly
Mostly used for web development	Used to develop various applications such as desktop, web, mobile, etc.

<u>**Porquê utilizar Python:**</u>

Seguem-se os principais factores para utilizar python no dia a dia:

1. Python é orientado para os objectos

A estrutura suporta conceitos como o polimorfismo, a sobrecarga de operações e a herança múltipla.

2. Indentação

A indentação é uma das melhores caraterísticas do python

3. É gratuito (código aberto)

Descarregar python e instalar python é fácil e gratuito

4. É poderoso

- Tipagem dinâmica
- Tipos e ferramentas incorporados
- Utilitários da biblioteca
- Utilitários de terceiros (por exemplo, Numeric, NumPy, sciPy)
- Gestão automática da memória

5. É portátil

- Python funciona praticamente em todas as principais plataformas utilizadas atualmente
- Desde que tenha um interpretador python compatível instalado, os programas python irão

correr exatamente da mesma maneira, independentemente da plataforma.

6. É fácil de utilizar e aprender

- Sem compilação intermédia
- Os programas Python são compilados automaticamente para uma forma intermédia chamada código de bytes, que o intérprete lê.
- Isto dá ao python a velocidade de desenvolvimento de um interpretador sem a perda de desempenho inerente às linguagens puramente interpretadas.
- A estrutura e a sintaxe são bastante intuitivas e fáceis de compreender.

7. Língua interpretada

Python é processado em tempo de execução pelo interpretador python

8. Linguagem de programação interactiva

Os utilizadores podem interagir com o interpretador python diretamente para escrever os programas

9. Sintaxe direta

A formação da sintaxe python é simples e direta, o que também a torna popular.

<u>Instalação:</u>

Há muitos interpretadores disponíveis gratuitamente para executar scripts Python, como o IDLE (Integrated Development Environment), que é instalado quando se instala o software python a partir de http://python.org/downloads/

Passos a seguir e a recordar:

Passo 1: Selecione a versão do Python a instalar.

Passo 2: Descarregue o instalador executável Python.

Passo 3: Executar o instalador executável.

Passo 4: Verifique se o Python foi instalado no Windows.

Passo 5: Verificar se o Pip foi instalado.

Passo 6: Adicionar o caminho do Python às variáveis de ambiente (opcional)

Instalar Python 3.8.0 (64-bit)

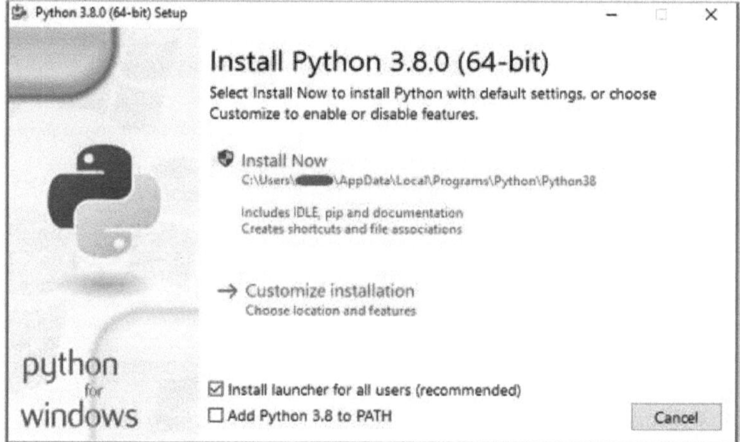

Trabalhar com Python
Execução de código Python:
O modelo tradicional de execução em tempo de execução do Python: O código fonte que digita é traduzido para código de bytes, que é depois executado pela Máquina Virtual Python (PVM). O seu código é compilado automaticamente, mas depois é interpretado.

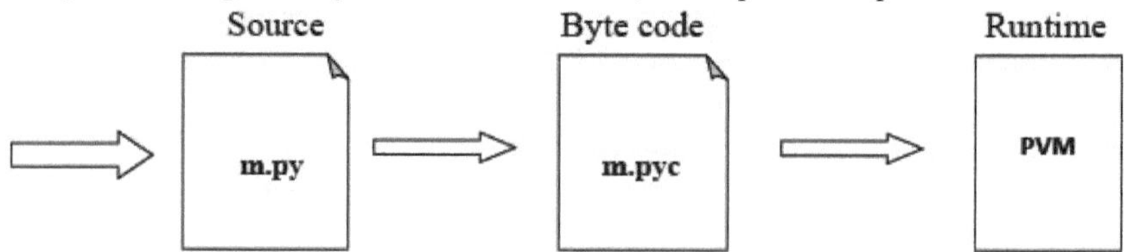

A extensão do código fonte é .py

A extensão do código em bytes é .pyc (código python compilado)

Existem dois modos para usar o interpretador Python:

- Modo interativo
- Modo de guião

Executar Python em modo interativo:

Sem passar o ficheiro de script python para o interpretador, execute diretamente o código na linha de comandos Python.

Quando estiveres dentro do interpretador python, podes começar.

```
>>> print("hello world")
olá mundo
#    A saída relevante é apresentada nas linhas subsequentes sem o símbolo >>>
>>> x=[0,1,2]
#    As quantidades armazenadas na memória não são apresentadas por defeito.
>>> x
#    Se uma quantidade estiver guardada na memória, a digitação do seu nome mostra-a.
[0, 1, 2]
#    >> 2+3
5
```

O chevron no início da 1ª linha, ou seja, o símbolo >>> é um prompt que o interpretador python usa para indicar que está pronto. Se o programador escrever 2+6, o interpretador responde 8.

Executar Python em modo script:

Em alternativa, os programadores podem armazenar o código fonte do script Python num ficheiro com a extensão .py e utilizar o interpretador para executar o conteúdo do ficheiro. Para executar o script pelo interpretador, é necessário indicar ao interpretador o nome do ficheiro. Por exemplo, se tiver um script com o nome MyFile.py e estiver a trabalhar em Unix, para executar o script tem de escrever:

python MeuArquivo.py

Trabalhar com o modo interativo é melhor quando os programadores Python lidam com pequenos pedaços de código, uma vez que é possível escrevê-los e executá-los imediatamente, mas quando o código tem mais de 2-4 linhas, utilizar o script para codificar pode ajudar a modificar e utilizar o código no futuro.

Exemplo:

```
C:\Users\MRCET\AppData\Local\Programs\Python\Python38-32\pyyy>python e1.py
resource open
the no cant be divisible zero division by zero
resource close
finished
```

Variáveis:

As variáveis não são mais do que posições de memória reservadas para armazenar valores. Isto significa que, ao criar uma variável, está a reservar algum espaço na memória.

Com base no tipo de dados de uma variável, o intérprete atribui memória e decide o que pode ser armazenado na memória reservada. Assim, ao atribuir diferentes tipos de dados a variáveis, pode armazenar números inteiros, decimais ou caracteres nessas variáveis.

Regras para variáveis Python:

- O nome de uma variável deve começar com uma letra ou com o carácter underscore
- O nome de uma variável não pode começar por um número
- Um nome de variável só pode conter caracteres alfanuméricos e sublinhados (A-z, 0-9 e _)
- Os nomes das variáveis são sensíveis a maiúsculas e minúsculas (idade, Idade e AGE são três variáveis diferentes)

Atribuição de valores a variáveis:

As variáveis Python não necessitam de uma declaração explícita para reservar espaço na memória. A declaração acontece automaticamente quando atribui um valor a uma variável. O sinal de igual (=) é utilizado para atribuir valores a variáveis.

O operando à esquerda do operador = é o nome da variável e o operando à direita do operador = é o valor armazenado na variável

Por exemplo - a= 100#   Uma atribuição de número inteiro

b = 1000.0#   Um ponto flutuante

c = "João" # Uma string print (a) print (b) print (c)

Isto produz o seguinte resultado - 100 1000.0

João

Atribuição múltipla:

Python permite-lhe atribuir um único valor a várias variáveis simultaneamente. Por exemplo:

a = b = c = 1

Aqui, é criado um objeto inteiro com o valor 1, e as três variáveis são atribuídas à mesma localização de memória. Também é possível atribuir vários objectos a várias variáveis.

Por exemplo - a,b,c = 1,2, "mrcet"[ii]

Aqui, dois objectos inteiros com valores 1 e 2 são atribuídos às variáveis a e b, respetivamente, e um objeto string com o valor "john" é atribuído à variável c.

Variáveis de saída:

A instrução print do Python é frequentemente utilizada para produzir variáveis.

As variáveis não precisam de ser declaradas com um tipo específico e podem mesmo mudar de tipo depois de terem sido definidas.

x = 5# x é do tipo int

x = "mrcet "   # x é agora do tipo str

print(x)

Saída: mrcet

Para combinar texto e uma variável, Python utiliza o carácter "+":

Exemplo

x = "fantástico"

print("Python é " + x)

Saída

Python é espetacular

Também pode utilizar o carácter + para adicionar uma variável a outra variável:

Exemplo

x = "Python é "

y = "fantástico"

z = x + y

print(z)

Saída:

Python é espetacular

Expressões:

Uma expressão é uma combinação de valores, variáveis e operadores. Uma expressão é avaliada utilizando o operador de atribuição.

Exemplos: Y=x + 17

```
>>> x=10
>>> z=x+20
>>> z
30
>>> x=10
>>> y=20
>>> c=x+y
>>> c
30
```

Um valor por si só é uma expressão simples, tal como uma variável.

```
>>> y=20
>>> y
20
```

Python também define que as expressões contêm apenas identificadores, literais e operadores. Portanto,

Identificadores: Qualquer nome que seja utilizado para definir uma classe, função, módulo de variável ou objeto é um identificador.

Literals: Estes são termos independentes da linguagem em Python e devem existir independentemente em qualquer linguagem de programação. Em Python, existem os literais de cadeia de caracteres, os literais de bytes, os literais de números inteiros, os literais de vírgula flutuante e os literais imaginários.

Operadores: Em Python pode implementar as seguintes operações utilizando os tokens correspondentes.

Operador	Ficha
adicionar	+
subtrair	-
multiplicar	*
Divisão de números inteiros	/
restante	%
Deslocação binária à esquerda	<<
Deslocação binária à direita	>>
e	&
ou	\
Menos de	<
Superior a	>
Menor ou igual a	<=
Maior ou igual a	>=
Verificar a igualdade	==

Verificar se não é igual	! =

Algumas das expressões python são:

Expressão do gerador:

Sintaxe: (compute(var) for var in iterable)

>>> x = (i for i in 'abc') #compreensão de tuplas

>>> x

<objeto gerador <genexpr> em 0x033EEC30>

>>> print(x)

<objeto gerador <genexpr> em 0x033EEC30>

Você poderia esperar que isso fosse impresso como ('a', 'b', 'c') mas ele imprime como <objeto gerador <genexpr> em 0x02AAD710> O resultado de uma compreensão de tupla não é uma tupla: é na verdade um gerador. A única coisa que você precisa saber sobre um gerador agora é que você pode iterar sobre ele, mas APENAS UMA VEZ.

Expressão condicional:

Sintaxe: valor_verdadeiro if Condição else valor_falso

>>> x = "1" if True else "2"

>>> x

'1'

Declarações:

Um comando é uma instrução que o interpretador Python pode executar. Normalmente, temos duas instruções básicas, a instrução de atribuição e a instrução de impressão. Existem outros tipos de instruções que são as instruções if, while e for, geralmente designadas por fluxos de controlo.

Exemplos:

Uma instrução de atribuição cria novas variáveis e atribui-lhes valores:

>>> x=10

>>> faculdade="mrcet"

Uma instrução de impressão é um input do utilizador, que deve ser impresso/apresentado no ecrã (ou monitor).

>>> print("mrcet colege")

colégio mrcet

Numérico Tipos de dados:

Os dados armazenados na memória podem ser de vários tipos. Por exemplo, o número de registo de um aluno é armazenado como um valor numérico e o seu endereço é armazenado como caracteres alfanuméricos. Python tem vários tipos de dados padrão que são utilizados para definir as operações possíveis sobre eles e o método de armazenamento para cada um deles.

Int:

Int, ou número inteiro, é um número inteiro, positivo ou negativo, sem casas decimais, de comprimento ilimitado.

>>> print(24656354687654+2)

24656354687656

>>> print(20)

20

```
>>> print(0b10)
2
>>> print(0B10)
2
>>> print(0X20)
32
>>> 20
20
>>> 0b10
2
>>> a=10
>>> print(a)
10
```

Para verificar o tipo de qualquer objeto em Python, utilize a função type():

```
>>> type(10)
<classe 'int'>
>>> a=11
>>> print(type(a))
<classe 'int'>
```

<u>Flutuar:</u>

Float, ou "número de ponto flutuante", é um número, positivo ou negativo, que contém uma ou mais casas decimais.

Float também pode ser um número científico com um "e" para indicar a potência de 10.

```
>>> y=2.8
>>> y
2.8
>>> y=2.8
>>> print(type(y))
<classe 'float'>
>>> tipo(.4)
<classe 'float'>
>>> 2.
2.0
```

Exemplo:

```
x = 35e3
y = 12E4
z = -87,7e100
print(type(x))
print(type(y))
print(type(z))
```

Saída:

```
<classe 'float'>
```

<classe 'float'>
<classe 'float'>
<u>**Booleano:**</u>
Os objectos do tipo booleano podem ter um de dois valores, True ou False:
>>> type(True)
<classe 'bool'>
>>> type(False)
<classe 'bool'>
<u>**Cordas:**</u>
1. As cadeias de caracteres em Python são identificadas como um conjunto contíguo de caracteres representados entre aspas. Python permite pares de aspas simples ou duplas.
*   'hello' é o mesmo que "hello".
*   As cadeias de caracteres podem ser enviadas para o ecrã utilizando a função print. **Por exemplo: print("hello").**
>>> print("mrcet faculdade")
colégio mrcet
>>> type("mrcet college")
<classe 'str'>
>>> print('mrcet faculdade')
colégio mrcet
>>> " "
' '

Uma string é um grupo/uma sequência de caracteres. Uma vez que o Python não tem arrays, usamos simplesmente strings. É assim que declaramos uma string. Podemos usar um par de aspas simples ou duplas. Cada objeto string é do tipo 'str'.
>>> tipo("nome")
<classe 'str'>
>>> name=str()
>>> nome "
>>> a=str('mrcet')
>>> a
"mrcet
>>> a=str(mrcet)
>>> a[2]
'c'
>>> fruto = 'banana'
>>> letra = fruto[1]
A segunda expressão seleciona o carácter número 1 da fruta e atribui-o à letra. A expressão entre parênteses é chamada de índice. O índice indica qual o carácter da sequência que queremos

Cortes de cordas:
Um segmento de uma cadeia de caracteres é designado por um segmento. A seleção de uma fatia é semelhante à seleção de um carácter:
Os subconjuntos de cadeias de caracteres podem ser obtidos utilizando o operador de fatias ([ ] e [:]) com índices que começam em 0 no início da cadeia de caracteres e vão até -1 no fim. Separar substrings, sub-listas, sub-Tuples utilizando o índice.

Sintaxe:**[Início: paragem: passos]**

* O corte começa no índice e vai subindo até **parar**, **passo** a passo.
* O valor por defeito de start é 0,
* Stop é o último índice da lista
* E para o passo, a predefinição é 1

Por exemplo, 1-

str = 'Hello World!'

print str # Imprime a string completa

print str[0] # Imprime o primeiro carácter da string

print str[2:5] # Imprime caracteres começando do 3º ao 5º

print str[2:] # Imprime a string a partir do 3º carácter print

str * 2 # Imprime a string duas vezes

print str + "TESTE" # Imprime a string concatenada

Saída:

Olá mundo!

H

llo

llo Mundo!

Olá mundo! Olá mundo!

Olá Mundo!TEST

Exemplo 2:

>>> x='computador'

>>> x[1:4]

'omp'

>>> x[1:6:2]

'opt'

>>> x[3:]

'puter'

>>> x[:5]

"compu

>>> x[-1]

'r'

>>> x[-3:]

"ter

>>> x[:-2]

"computador

>>> x[::-2]

"rtpo

>>> x[::-1]

"retupmoc

Imutabilidade:

É tentador utilizar o operador [] no lado esquerdo de uma atribuição, com a intenção de alterar um carácter numa cadeia de caracteres.

Por exemplo:

>>> greeting='mrcet college!'

>>> saudação[0]='n'

TypeError: o objeto 'str' não suporta a atribuição de itens

O motivo do erro é o facto de as cadeias de caracteres serem **imutáveis,** o que significa que não podemos alterar uma cadeia de caracteres existente. O melhor que podemos fazer é criar uma nova string que seja uma variação da original:

>>> saudação = 'Olá, mundo!'

>>> nova_saudação = 'J' + saudação[1:]
>>> new_greeting
"Jello, mundo!
Nota: O sinal mais (+) é o operador de concatenação de cadeias de caracteres e o asterisco (*)
é o operador de repetição
Funções e métodos de cadeia de caracteres:
Existem muitos métodos para trabalhar com String.

S.n.	Nome do método	Descrição
1.	isalnum()	Devolve true se a cadeia de caracteres tiver pelo menos 1 carácter e todos os caracteres forem alfanuméricos e false caso contrário.
2.	isalfa()	Devolve true se a cadeia de caracteres tiver pelo menos 1 carácter e todos os caracteres forem alfabéticos e false caso contrário.
3.	isdigit()	Retorna true se a string contém apenas dígitos e false caso contrário.
4.	islower()	Devolve true se a cadeia de caracteres tiver pelo menos um carácter com maiúsculas e todos os caracteres com maiúsculas estiverem em minúsculas e false caso contrário.
5.	isnumeric()	Devolve true se uma cadeia de caracteres contiver apenas caracteres numéricos e false caso contrário.
6.	isspace()	Retorna true se a string contém apenas caracteres de espaço em branco efalse caso contrário.
7.	istitle()	Devolve true se a cadeia de caracteres estiver corretamente em titlecased e false caso contrário.
8.	isupper()	Devolve verdadeiro se a cadeia de caracteres tiver pelo menos um carácter com maiúsculas e todos os caracteres com maiúsculas estiverem em maiúsculas e falso caso contrário.
9.	replace(old, new [, max])	Substitui todas as ocorrências de old na cadeia de caracteres por new ou por um máximo de ocorrências se for dado max.
10.	dividir()	Divide a string de acordo com o delimitador str (espaço se não for fornecido) e devolve uma lista de substrings;
11.	contar()	Ocorrência de uma cadeia noutra cadeia
12.	encontrar()	Encontrar o índice da primeira ocorrência de uma cadeia de caracteres noutra cadeia de caracteres
13.	swapcase()	Converte letras minúsculas de uma cadeia de caracteres em maiúsculas e vice-versa
14.	startswith(str, beg=0,end=len(string))	Determina se a cadeia de caracteres ou uma substring da cadeia de caracteres (se o índice inicial beg e o índice final end forem fornecidos) começa com a substring str; devolve verdadeiro em caso afirmativo e falso em caso contrário.

Nota:
Todos os métodos de cadeia de caracteres devolverão como resultado verdadeiro ou falso

1. isalnum():

O método Isalnum() devolve verdadeiro se a cadeia de caracteres tiver pelo menos 1 carácter e todos os caracteres forem alfanuméricos e falso caso contrário.

Sintaxe:

String.isalnum()

Exemplo:

>>> string="123alpha"

>>> string.isalnum() Verdadeiro

2. isalpha():

O método isalpha() devolve true se a cadeia de caracteres tiver pelo menos 1 carácter e todos os caracteres forem alfabéticos e false caso contrário.

<u>Sintaxe:</u>

String.isalpha()

<u>Exemplo:</u>

>>> string="nikhil"

>>> string.isalpha()

Verdadeiro

3. isdigit():

isdigit() devolve true se a cadeia de caracteres contiver apenas dígitos e false caso contrário.

<u>Sintaxe:</u>

String.isdigit()

<u>Exemplo:</u>

>>> string="123456789"

>>> string.isdigit()

Verdadeiro

4. islower():

Islower() devolve true se a cadeia de caracteres tiver caracteres em minúsculas e false caso contrário.

<u>Sintaxe:</u>

String.islower()

<u>Exemplo:</u>

>>> string="nikhil"

>>> string.islower()

Verdadeiro

5. isnumeric():

O método isnumeric() devolve verdadeiro se uma cadeia de caracteres contiver apenas caracteres numéricos e falso caso contrário.

<u>Sintaxe:</u>

String.isnumeric()
<u>Exemplo:</u>
>>> string="123456789"
>>> string.isnumeric()
Verdadeiro
6. isspace():

isspace() devolve true se a cadeia de caracteres contiver apenas caracteres de espaço em branco e false caso contrário.

<u>Sintaxe:</u>

String.isspace()

<u>Exemplo:</u>

>>> string=" "

>>> string.isspace()

Verdadeiro

7. istitle()

O método istitle() devolve true se a cadeia de caracteres estiver corretamente "titlecased" (a

letra inicial de cada palavra é maiúscula) e false caso contrário
Sintaxe:
String.istitle()
Exemplo:
>>> string="Nikhil está a aprender"
>>> string.istitle()
Verdadeiro
8. isupper()
isupper() devolve true se a cadeia de caracteres tiver caracteres em maiúsculas e false caso contrário.
Sintaxe:
String.isupper()
Exemplo:
>>> string="OLÁ"
>>> string.isupper() Verdadeiro
9. substituir()
O método replace() substitui todas as ocorrências de old na cadeia de caracteres por new ou por um máximo de ocorrências se for dado max.
Sintaxe:
String.replace()
Exemplo:
>>> string="Nikhil está a aprender"
>>> string.replace('Nikhil','Neha')
A Neha está a aprender
10. dividir()
O método split() divide a cadeia de caracteres de acordo com o delimitador str (espaço se não for fornecido)
Sintaxe:
String.split()
Exemplo:
>>> string="Nikhil está a aprender"
>>> string.split()
['Nikhil', 'Is', 'Learning']
11. contar()
O método count() conta a ocorrência de uma cadeia de caracteres noutra cadeia de caracteres
Sintaxe:
String.count()
Exemplo:
>>> string='Nikhil está a aprender'
>>> string.count('i')
3
12. encontrar()
O método Find() é utilizado para encontrar o índice da primeira ocorrência de uma cadeia de

caracteres noutra cadeia de caracteres
Sintaxe:
String.find(,,string")
Exemplo:
>>> string="Nikhil está a aprender"
>>> string.find('k')
2
13. swapcase()
converte letras minúsculas de uma cadeia de caracteres em maiúsculas e vice-versa
Sintaxe:
String.find(,,string")
Exemplo:
>>> string="OLÁ"
>>> string.swapcase()
'olá'
14. startswith()
Determina se a cadeia de caracteres ou uma substring da cadeia de caracteres (se o índice
inicial beg e o índice final end forem fornecidos) começa com a substring str; devolve
verdadeiro em caso afirmativo e falso em caso contrário.
Sintaxe:
String.startswith(,,string")
Exemplo:
>>> string="Nikhil está a aprender"
>>> string.startswith('N')
Verdadeiro
15.endswith()
Determina se a cadeia de caracteres ou uma substring da cadeia de caracteres (se o índice
inicial beg e o índice final end forem fornecidos) termina com a substring str; devolve
verdadeiro em caso afirmativo e falso em caso contrário.
Sintaxe:
String.endswith(,,string")
Exemplo:
>>> string="Nikhil está a aprender"
>>> string.startswith('g')
Verdadeiro
Se quiser incluir um ou outro tipo de aspas numa cadeia de caracteres, a forma mais simples é
delimitar a cadeia com o outro tipo. Se uma cadeia de caracteres tiver de conter uma aspa
simples, delimite-a com aspas duplas e vice-versa:
>>> print("mrcet é uma faculdade autónoma (')")
o mrcet é um colégio autónomo (')
>>> print('mrcet é uma faculdade autónoma (")')
o mrcet é um colégio autónomo (")

Supressão de caracteres especiais:

Especificar uma barra invertida (\) à frente do carácter de aspas numa string "escapa-o" e faz com que o Python suprima o seu significado especial habitual. É então interpretado simplesmente como um carácter literal de aspas simples:

```
>>> print("mrcet é um colégio autónomo (\')")
o mrcet é um colégio autónomo (')
>>> print('mrcet é um colégio autónomo (\")')
o mrcet é um colégio autónomo (")
```

Segue-se uma tabela de sequências de escape que fazem com que o Python suprima a interpretação especial habitual de um carácter numa string:

```
>>> print('a\
    b')
    ab
>>> print('a\
b\
c')
abc
>>> print('a \n b')
a
b
>>> print("mrcet \n faculdade")
mrcet
faculdade
```

Sequência de fuga	Interpretação habitual do(s) carácter(es) após a barra invertida	"Interpretação de "fugitivo
\ '	Termina a cadeia de caracteres com um delimitador de abertura de aspas simples	Caractere literal de aspas simples (')
\ "	Termina a cadeia de caracteres com um delimitador de abertura de aspas duplas	Caractere literal de aspas duplas (")
\ nova linha	Termina a linha de entrada	A nova linha é ignorada
\ \	Introduz a sequência de escape	Carácter literal de barra invertida (\ )

Em Python (e em quase todas as outras linguagens de computador comuns), um carácter de tabulação pode ser especificado pela sequência de escape \t:

```
>>> print("a\tb")
a b
```

<u>**Tipos de dados básicos:**</u>

Lista:

- É uma ferramenta de uso geral mais utilizada em estruturas de dados
- A lista é uma coleção ordenada e modificável que permite a duplicação de membros.

(Aumenta e diminui conforme necessário, tipo de sequência, ordenável).

- Para utilizar uma lista, é necessário declará-la primeiro. Para o fazer, utilize parênteses rectos e separe os valores por vírgulas.
- Podemos construir/criar uma lista de várias formas.

Ex:

```
>>> list1=[1,2,3,'A','B',7,8,[10,11]]
>>> print(list1)
```

[1, 2, 3, 'A', 'B', 7, 8, [10, 11]]
```
>>> x=lista()
>>> x
[]
>>> tupla1=(1,2,3,4)
>>> x=lista(tupla1)
>>> x
[1, 2, 3, 4]
```

Operações de listagem:

Estas operações incluem a indexação, o corte, a adição, a multiplicação e a verificação de associação

Operações básicas de lista:

As listas respondem aos operadores + e * de forma muito semelhante às cadeias de caracteres; também aqui significam concatenação e repetição, exceto que o resultado é uma nova lista e não uma cadeia de caracteres.

Expressão Python	Resultados	Descrição
len([1, 2, 3])	3	Comprimento
[1, 2, 3] + [4, 5, 6]	[1, 2, 3, 4, 5, 6]	Concatenação
['Olá!'] * 4	['Olá!', 'Olá!', 'Olá!', 'Olá!']	Repetição
3 em [1, 2, 3]	Verdadeiro	Filiação
for x in [1, 2, 3]: print x,	1 2 3	Iteração

Indexação, fatiamento e matrizes

Como as listas são sequências, a indexação e o corte funcionam da mesma forma para as listas e para as cadeias de caracteres.

Assumindo a seguinte entrada -

L = ['mrcet', 'college', 'MRCET!']

Expressão Python	Resultados	Descrição
L[2]	MRCET	Os desvios começam em zero
L[-2]	faculdade	Negativo: contar a partir da direita
L[1:]	['faculdade', 'MRCET!']	Cortar secções de fetches

Cortes na lista:

```
>>> list1=range(1,6)
>>> lista1
intervalo(1, 6)
>>> print(list1)
intervalo(1, 6)
>>> list1=[1,2,3,4,5,6,7,8,9,10]
>>> list1[1:]
[2, 3, 4, 5, 6, 7, 8, 9, 10]
>>> list1[:1]
[1]
>>> list1[2:5]
[3, 4, 5]
>>> list1[:6]
[1, 2, 3, 4, 5, 6]
>>> list1[1:2:4]
[2]
>>> list1[1:8:2]
[2, 4, 6, 8]
```

Métodos de listagem:
O tipo de dados lista tem mais alguns métodos. Aqui estão todos os métodos dos objectos de lista:
* Del()
* Acrescentar()
* Estender()
* Inserir()
* PopO
* Remover()
* Inverter()
* Ordenar()

Eliminar: Eliminar uma lista ou um item de uma lista
```
>>> x=[5,3,8,6]
>>> del(x[1]) #elimina o índice da posição 1 numa lista
>>> x
[5, 8, 6]
>>> del(x)
>>> x#          a lista completa é apagada
```
Anexar: Anexar um item a uma lista
```
>>> x=[1,5,8,4]
>>> x.append(10)
>>> x [1, 5, 8, 4, 10]
```
Estender: Acrescentar uma sequência a uma lista.
```
>>> x=[1,2,3,4]
>>> y=[3,6,9,1]
>>> x.extend(y)
>>> x
[1, 2, 3, 4, 3, 6, 9, 1]
```
Inserir: Para adicionar um item no índice especificado, utilize o método insert ():
```
>>> x=[1,2,4,6,7]
>>> x.insert(2,10) #insert(index no, item a ser inserido)
>>> x
[1, 2, 10, 4, 6, 7]
>>> x.insert(4,['a',11])
>>> x
[1, 2, 10, 4, ['a', 11], 6, 7]
```
Pop: O método pop() remove o índice especificado (ou o último item se o índice não for especificado) ou simplesmente retira o último item da lista e devolve o item.
```
>>> x=[1, 2, 10, 4, 6, 7]
>>> x.pop()
7
>>> x
[1, 2, 10, 4, 6]
>>> x=[1, 2, 10, 4, 6]
>>> x.pop(2)
10
>>> x
[1, 2, 4, 6]
```
Remover: O método **remove()** remove o item especificado de uma determinada lista.
```
>>> x=[1,33,2,10,4,6]
```

```
>>> x.remove(33)
>>> x
[1, 2, 10, 4, 6]
>>> x.remove(4)
>>> x
[1, 2, 10, 6]
```
Inverter: Inverter a ordem de uma determinada lista.
```
>>> x=[1,2,3,4,5,6,7]
>>> x.reverse()
>>> x
[7, 6, 5, 4, 3, 2, 1]
```
Ordenar: Ordena os elementos por ordem ascendente
```
>>> x=[7, 6, 5, 4, 3, 2, 1]
>>> x.sort()
>>> x
[1, 2, 3, 4, 5, 6, 7]
>>> x=[10,1,5,3,8,7]
>>> x.sort() >>> x
[1, 3, 5, 7, 8, 10]
```
Laço da lista:

Os loops são estruturas de controlo utilizadas para repetir uma determinada secção de código um certo número de vezes ou até que uma determinada condição seja satisfeita.

Método #1: Laço For
```
#lista de itens
lista = ['M','R','C','E','T']
i = 1
#Iteração sobre a lista
para item na lista:
print ('faculdade ',i,' é ',item)
i = i+1
```
Saída:

C:/Usuários/MRCET/AppData/Local/Programas/Python/Python38-32/pyyy/lis.py

a faculdade 1 é M

a faculdade 2 é R

a faculdade 3 é C

a faculdade 4 é E

a faculdade 5 é T

Método #2: Laço For e range()

No caso de querermos utilizar o tradicional ciclo for que itera do número x para o número y.
```
#     Código Python3 para iterar sobre uma lista
lista = [1, 3, 5, 7, 9]
#     obter o comprimento da lista
comprimento = len(lista)
#     Iteração do índice

# o mesmo que 'for i in range(len(list))'
para i em range(length):
print(list[i])
```

Saída:

C:/Usuários/MRCET/AppData/Local/Programas/Python/Python38-32/pyyy/listlooop.py 1
3
5
7
9

Método #3: utilizar o ciclo while

```
#    Código Python3 para iterar sobre uma lista list = [1, 3, 5, 7, 9]
#    Obter o comprimento da lista
comprimento = len(lista)
i = 0
#    Iteração utilizando o ciclo while
enquanto i < comprimento:
print(list[i])
i += 1
```

Mutabilidade:

Um objeto mutável pode ser alterado depois de ser criado e um objeto imutável não pode.

Anexar: Anexar um item a uma lista

```
>>> x=[1,5,8,4]
>>> x.append(10)
>>> x
[1, 5, 8, 4, 10]
```

Estender: Acrescentar uma sequência a uma lista.

```
>>> x=[1,2,3,4]
>>> y=[3,6,9,1]
>>> x.extend(y)
>>> x
```

Eliminar: Eliminar uma lista ou um item de uma lista

```
>>> x=[5,3,8,6]
>>> del(x[1]) #elimina o índice da posição 1 numa lista
>>> x
[5, 8, 6]
```

Inserir: Para adicionar um item no índice especificado, utilize o método insert ():

```
>>> x=[1,2,4,6,7]
>>> x.insert(2,10) #insert(index no, item a ser inserido)
>>> x
[1, 2, 10, 4, 6, 7]
>>> x.insert(4,['a',11])
>>> x
[1, 2, 10, 4, ['a', 11], 6, 7]
```

Pop: O método pop() remove o índice especificado (ou o último item se o índice não for especificado) ou simplesmente retira o último item da lista e devolve o item.

```
>>> x=[1, 2, 10, 4, 6, 7]
>>> x.pop()
7
>>> x
[1, 2, 10, 4, 6]
>>> x=[1, 2, 10, 4, 6]
```

```
>>> x.pop(2)
10
>>> x
[1, 2, 4, 6]
```
Remover: O método **remove()** remove o item especificado de uma determinada lista.
```
>>> x=[1,33,2,10,4,6]
>>> x.remove(33)
>>> x
[1, 2, 10, 4, 6]
>>> x.remove(4)
>>> x
[1, 2, 10, 6]
```
Inverter: Inverter a ordem de uma determinada lista.
```
>>> x=[1,2,3,4,5,6,7]
>>> x.reverse()
>>> x
[7, 6, 5, 4, 3, 2, 1]
```
Ordenar: Ordena os elementos por ordem ascendente
```
>>> x=[7, 6, 5, 4, 3, 2, 1]
>>> x.sort()
>>> x
[1, 2, 3, 4, 5, 6, 7]
>>> x=[10,1,5,3,8,7]
>>> x.sort()
>>> x
[1, 3, 5, 7, 8, 10]
```
Aliasing:

1.   Um alias é um segundo nome para um dado, muitas vezes mais fácil (e mais útil) do que fazer uma cópia.

2.   Se os dados forem imutáveis, os aliases não são importantes porque os dados não podem mudar.

3.   Mas se os dados podem mudar, os pseudónimos podem resultar em muitos erros difíceis de encontrar.

4.   O aliasing acontece sempre que o valor de uma variável é atribuído a outra variável.

Por ex:
```
a = [81, 82, 83]
b = [81, 82, 83]
print(a == b)
print(a is b) b = a
print(a == b)
print(a é b)
b[0] = 5
imprimir(a)
```
Saída:

C:/Users/MRCET/AppData/Local/Programs/Python/Python38-32/pyyy/alia.py Verdadeiro
Falso
Verdadeiro
Verdadeiro
[5, 82, 83]

Como a mesma lista tem dois nomes diferentes, a e b, dizemos que tem **um pseudónimo**. As alterações feitas num alias afectam o outro. No exemplo acima, você pode ver que a e b se referem à mesma lista após a execução da instrução de atribuição b = a.

Listas de clonagem:

Se quisermos modificar uma lista e também manter uma cópia da original, precisamos de ser capazes de fazer uma cópia da própria lista, e não apenas da referência. Este processo é por vezes chamado de clonagem, para evitar a ambiguidade da palavra cópia.

A maneira mais fácil de clonar uma lista é usar o operador de fatia. Tomando qualquer fatia de a cria uma nova lista. Neste caso, a fatia consiste na lista inteira.

Exemplo:

```
a = [81, 82, 83]
b = a[:]# fazer um clone usando slice
print(a == b)
print(a é b)
b[0] = 5
imprimir(a)
imprimir(b)
```

Saída:

C:/Usuários/MRCET/AppData/Local/Programas/Python/Python38-32/pyyy/clo.py

```
Verdadeiro
Falso
[81, 82, 83]
[5, 82, 83]
```

Agora estamos livres para fazer alterações em b sem nos preocuparmos com a

Parâmetros da lista:

Passar uma lista como argumento passa de facto uma referência à lista, não uma cópia da lista. Uma vez que as listas são mutáveis, as alterações feitas aos elementos referenciados pelo parâmetro alteram a mesma lista que o argumento está a referenciar.

```
# Por exemplo, a função abaixo recebe uma lista como argumento e multiplica cada elemento
da lista por 2:
def doubleStuff(List):
""" Substitui cada elemento de aList pelo dobro do seu valor. """
for position in range(len(List)):
Lista[posição] = 2 * Lista[posição] coisas = [2, 5, 9]
print(coisas)
doubleStuff(coisas)
print(coisas)
```

Saída:

```
C:/Users/MRCET/AppData/Local/Programs/Python/Python3 8 -32/lipar.py ==
[2, 5, 9]
[4, 10, 18]
```

tupla:

Uma tupla é uma coleção ordenada e imutável. Em Python, as tuplas são escritas com parêntesis redondos.

- Suporta todas as operações para sequências.
- Imutável, mas os objectos membros podem ser mutáveis.

- Se o conteúdo de uma lista não deve ser alterado, utilize uma tupla para evitar que os itens sejam acidentalmente adicionados, alterados ou eliminados.
- As tuplas são mais eficientes do que as listas devido à implementação do Python.

Podemos construir uma tupla de várias formas:

X=() #tuple sem item
X=(1,2,3)
X=tuplo(lista1)
X=1,2,3,4

Exemplo:

```
>>> x=(1,2,3)
>>> print(x)
(1, 2, 3)
>>> x
(1, 2, 3)
>>> x=()
>>> x
()
>>> x=[4,5,66,9]
>>> y=tuple(x)
>>> y
(4, 5, 66, 9)
>>> x=1,2,3,4
>>> x (1, 2, 3, 4)
```

Algumas das operações da tupla são:

- Aceder a itens de tuplas
- Modificar itens de tuplas
- Percorrer uma tupla
- Contar()
- Índice()
- Comprimento()

Aceder a itens de tuplas: Aceder aos itens da tupla referindo-se ao número de índice, entre parênteses rectos

```
>>> x=('a','b','c','g')
>>> print(x[2]) c
```

Modificar itens de tuplas: Uma vez criada uma tupla, não é possível modificar os seus valores. As tuplas são imutáveis.

```
>>> x=(2,5,7,'4',8)
>>> x[1]=10
Traceback (última chamada mais recente):
Arquivo "<pyshell#41>", linha 1, em <module>
x[1]=10
```

TypeError: o objeto 'tuple' não suporta a atribuição de itens

```
>>> x
(2, 5, 7, '4', 8) # o valor continua a ser o mesmo
```

Percorrer uma tupla: Podemos percorrer os valores da tupla usando o loop for

```
>>> x=4,5,6,7,2,'aa'
```

>>> for i in x:
imprimir(i)
4
5
6
7
2
aa
Count (): Retorna o número de vezes que um valor especificado ocorre em uma tupla
>>> x=(1,2,3,4,5,6,2,10,2,11,12,2)
>>> x.count(2)
4
Index (): Procura na tupla por um valor especificado e retorna a posição de onde ele foi encontrado
>>> x=(1,2,3,4,5,6,2,10,2,11,12,2)
>>> x.index(2)
1
(Ou)
>>> x=(1,2,3,4,5,6,2,10,2,11,12,2)
>>> y=x.index(2)
>>> print(y)
1
Comprimento (): Para saber o número de itens ou valores presentes numa tupla, utilizamos len().
>>> x=(1,2,3,4,5,6,2,10,2,11,12,2)
>>> y=len(x)
>>> print(y)
12
Atribuição de tuplas
Python tem uma funcionalidade de atribuição de tuplas que permite atribuir mais do que uma variável de cada vez. Neste caso, atribuímos a tupla 1 com a informação sobre a faculdade, como o nome da faculdade, o ano, etc., e outra tupla 2 com os valores nela contidos, como o número (1, 2, 3... 7).

Por exemplo,

Aqui está o código,

* >>> tup1 = ('mrcet', 'eng college','2004','cse', 'it','csit');
. >>> tup2 = (1,2,3,4,5,6,7);
* >>> print(tup 1[0])
* mrcet
* >>> print(tup2 [1:4])
* (2, 3, 4)

A tupla 1 inclui a lista de informações do mrcet

A tupla 2 inclui uma lista de números

Chamamos o valor para [0] na tupla e para a tupla 2 chamamos o valor entre 1 e 4

Executar o código acima- Dá o nome mrcet para a primeira tupla enquanto que para a segunda tupla dá o número (2, 3, 4)

Tuple como valores de retorno:

Uma tupla é uma sequência de itens separados por vírgulas. É criada com ou sem (). As tuplas são imutáveis.

\#   Um programa Python para devolver vários valores de um método usando tuplas

\#   Esta função devolve uma tupla

def fun():

str = "faculdade mrcet"

x = 20

return str, x; # Retorna uma tupla, também poderíamos # escrever (str, x)

\# Código do condutor para testar o método acima

str, x = fun() # Atribuir a tupla devolvida

print(str)

print(x)

Saída:

C:/Users/MRCET/AppData/Local/Programs/Python/Python38-32/tupretval.py mrcet faculdade 20

- As funções podem devolver tuplas como valores de retorno.

def circleInfo(r):

""" Retorno (circunferência, área) de um círculo de raio r """

c = 2 * 3,14159 * r

a = 3,14159 * r * r

devolver (c, a)

print(circleInfo(10))

Saída:

C:/Usuários/MRCET/AppData/Local/Programas/Python/Python38-32/functupretval.py (62.8318, 314.159) def f(x):

y0 = x + 1

y1 = x * 3

y2 = y0 ** y3

retorno (y0, y1, y2)

Métodos de tuplas:

Count (): Retorna o número de vezes que um valor especificado ocorre em uma tupla

\>>> x=(1,2,3,4,5,6,2,10,2,11,12,2)

\>>> x.count(2)

4

Index (): Procura na tupla por um valor especificado e retorna a posição de onde ele foi encontrado

\>>> x=(1,2,3,4,5,6,2,10,2,11,12,2)

\>>> x.index(2)

1

(Ou)

\>>> x=(1,2,3,4,5,6,2,10,2,11,12,2)

\>>> y=x.index(2)

\>>> print(y)

1

Conjunto:

Um conjunto é uma coleção não ordenada e não indexada, sem elementos duplicados. Em Python, os conjuntos são escritos entre parênteses rectos.

- Para criar um conjunto vazio utilizamos **set()**
- As chavetas '{}' ou a função set() podem ser utilizadas para criar conjuntos

Podemos construir uma tupla de várias formas:

X=set()

X={3,5,6,8}

X=set(list1)

Exemplo:

```
>>> x={1,3,5,6}
>>> x
{1, 3, 5, 6}
>>> x=set()
>>> x
set()
>>> list1=[4,6, "dd",7]
>>> x=set(list1)
>>> x
{4, 'dd', 6, 7}
```

- Não podemos aceder aos itens de um conjunto referindo-nos a um índice, uma vez que os conjuntos não estão ordenados e os itens não têm índice.
- Mas pode percorrer os itens do conjunto utilizando um loop for, ou perguntar se um valor especificado está presente num conjunto, utilizando a palavra-chave in.

Algumas das operações básicas de conjuntos são:

- Adicionar()
- Remover()
- Len()
- Item em x
- Pop
- Limpo

Adicionar (): Para adicionar um item a um conjunto, utilize o método add (). Para adicionar mais do que um item a um conjunto, utilize o método update ().

```
>>> x={"mrcet","college","cse","dept"}
>>> x.add("autónomo")
>>> x
{'mrcet', 'dept', 'autonomous', 'cse', 'college'}

>>> x={1,2,3}
>>> x.update("a", "b")
>>> x
{1, 2, 3, 'a', 'b'}
>>> x={1,2,3}
>>> x.update([4,5],[6,7,8])
>>> x
{1, 2, 3, 4, 5, 6, 7, 8}
```

Remover (): Para remover um item do conjunto, usamos os métodos remover ou descartar.

```
>>> x={1, 2, 3, 'a', 'b'}
>>> x.remove(3)
>>> x
{1, 2, 'a', 'b'}
```

Len (): Para saber o número de itens presentes num conjunto, utilizamos len().

```
>>> z={'mrcet', 'dept', 'autonomous', 'cse', 'college'}
```

>>> len(z)

Item em X: é possível percorrer os itens do conjunto utilizando um loop for.

>>> x={'a','b','c','d'}
>>> for item in x:
imprimir(item)

c

d

a b

pop (): Este método é utilizado para remover um item, mas este método removerá o **último** item.

Lembre-se que os conjuntos não estão ordenados, pelo que não saberá qual o item que é removido.

>>> x={1, 2, 3, 4, 5, 6, 7, 8}
>>> x.pop()
1
>>> x
{2, 3, 4, 5, 6, 7, 8}

Limpar (): Este método deixa o conjunto vazio.

>>> x={2, 3, 4, 5, 6, 7, 8}
>>> x.clear()
>>> x
set()

O conjunto também é composto por algumas operações matemáticas como:

Cruzamento	E	&
União	OU	|
Difusão simétrica	XOR	^
Difícil	No conjunto 1 mas não no conjunto 2	set1-set2
Subconjunto	set2 contém set1	set1<=set2
Superconjunto	conjunto1 contém conjunto2	set1>=set2

Alguns exemplos:

>>> x={1,2,3,4}
>>> y={4,5,6,7}
>>> print(x|y)
{1, 2, 3, 4, 5, 6, 7}
>>> x={1,2,3,4}
>>> y={4,5,6,7}
>>> print(x&y)
{4} >>> A = {1, 2, 3, 4, 5}
>>> B = {4, 5, 6, 7, 8}
>>> print(A-B)
{1, 2, 3}
>   >> B = {4, 5, 6, 7, 8}
>   >> A = {1, 2, 3, 4, 5}
>   >> print(B^A)
{1, 2, 3, 6, 7, 8}

Dicionários:

Um dicionário é uma coleção não ordenada, mutável e indexada. Em Python, os dicionários são escritos com chavetas, e têm chaves e valores.

*   Pares de valores chave

- Não ordenado

Podemos construir ou criar um dicionário como:

X={1:'A',2:'B',3:'c'}

X=dict([('a',3) ('b',4)]

X=dict('A'=1,'B' =2)

Exemplos:

>>> dict1 = {"brand": "mrcet", "model": "college", "year":2004}
>>> dict1
{'marca': 'mrcet', 'modelo': 'college', 'ano': 2004}

Para aceder a um valor específico de um dicionário, temos de passar a sua chave,

>>> dict1 = {"brand": "mrcet", "model": "college", "year":2004}
>>> x=dict1 ["marca"]
>>> x
"mrcet

Para aceder a chaves, valores e itens do dicionário:

>>> dict1 = {"brand": "mrcet", "model": "college", "year":2004}
>   >> dict1.keys()
dict_keys(['brand', 'model', 'year'])
>   >> dict1.values()
dict_values(['mrcet', 'college', 2004])
>   >> dict1.items()
dict_items([('brand', 'mrcet'), ('model', 'college'), ('year', 2004)])
>   >> for items in dict1.values(): print(items)
mrcet
faculdade
2004
>   >> for items in dict1.keys(): print(items)
marca
modelo
ano
>   >> for i in dict1.items(): print(i)
('marca', 'mrcet')
('modelo', 'faculdade')
("ano", 2004)

Algumas das operações são:

- Adicionar/alterar
- Remover
- Comprimento
- Eliminar

Adicionar/alterar valores: É possível alterar o valor de um item específico consultando o seu nome de chave

>>> dict1 = {"brand": "mrcet", "model": "college", "year":2004}
>>> dict1["year"]=2005
>>> dict1
{'marca': 'mrcet', 'modelo': 'college', 'ano': 2005}

Remove(): Remove ou retira o item específico do dicionário.

>>> dict1 = {"brand": "mrcet", "model": "college", "year":2004}
>>> print(dict1.pop("model"))
faculdade
>>> dict1

{'brand': 'mrcet', 'year': 2005}
Eliminar: Elimina um determinado item.
>>> x = {1:1, 2:4, 3:9, 4:16, 5:25}
>>> del x[5]
>>> x
Comprimento: utilizamos o método len() para obter o comprimento do dicionário.
>>>{1: 1, 2: 4, 3: 9, 4: 16}
{1: 1, 2: 4, 3: 9, 4: 16}
>>> y=len(x)
>>> y
4
Iteração sobre pares (chave, valor):
>>> x = {1:1, 2:4, 3:9, 4:16, 5:25}
>>> for key in x:
print(chave, x[chave])
1   1
2   4
3   9
4   16
5   25
>>> for k,v in x.items():
imprimir(k,v)
3   9
4   16
5   25
Lista de dicionários:
>   >> clientes = [{"uid":1, "nome": "João"},
{"uid":2,"name":"Smith"},
{"uid":3,"name":"Andersson"},
]
>   >> >>> print(clientes)
[{'uid': 1, 'name': 'John'}, {'uid': 2, 'name': 'Smith'}, {'uid': 3, 'name': 'Andersson'}]
>   # Imprimir o uid e o nome de cada cliente
>   >> para x em clientes:
print(x["uid"], x["name"])
1   João
2   Smith
3   Andersson
#   # Modificar uma entrada, Isto irá alterar o nome do cliente 2 de Smith para Charlie
>>> customers[2]["name"]="charlie"
>>> print(clientes)
[{'uid': 1, 'name': 'John'}, {'uid': 2, 'name': 'Smith'}, {'uid': 3, 'name': 'charlie'}]
Adicionar um novo campo a cada entrada
>> para x em clientes:
x["password"]="123456" # qualquer valor inicial
>>> print(clientes)
[{'uid': 1, 'nome': 'John', 'palavra-passe': '123456'}, {'uid': 2, 'nome': 'Smith', 'palavra-passe': '123456'}, {'uid': 3, 'name': 'charlie', 'password': '123456'}]
#   # Eliminar um campo
>>> del clientes[1]

```
>>> print(clientes)
[{'uid': 1, 'name': 'John', 'password': '123456'}, {'uid': 3, 'name': 'charlie', 'password':
'123456'}]
>>> del clientes[1]
>>> print(clientes)
[{'uid': 1, 'name': 'John', 'password': '123456'}]
## Eliminar todos os campos
>>> for x in customers:
del x["uid"]
>>> x
{'name': 'John', 'password': '123456'}
```

## CAPÍTULO - II

FLUXO DE CONTROLO, LOOPS

Condicionais: Valores e operadores booleanos, condicional (if), alternativa (if-else), condicional encadeada (if-elif-else); Iteração: instruções break, continue.

Funções--- função e sua utilização, palavra-chave pass, fluxo de execução, parâmetros e argumentos.

Valores e operadores booleanos:

Uma expressão booleana é uma expressão que é verdadeira ou falsa. Os exemplos seguintes utilizam o operador ==, que compara dois operandos e produz True se forem iguais e False caso contrário:

>>> 5 == 5

Verdadeiro

>>> 5 == 6

Falso

True e False são valores especiais que pertencem ao tipo bool; não são strings:

>>> type(True)

<classe 'bool'>

>>> type(False)

<classe 'bool'>

O operador == é um dos operadores relacionais; os outros são: x != y # x não é igual a y

x > y # x é maior do que y x < y # x é menor do que y

x >= y # x é maior ou igual a y x <= y # x é menor ou igual a y

Nota:

Todas as expressões que envolvam operadores relacionais e lógicos serão avaliadas como verdadeiras ou falsas

Condicional (se):

A instrução if contém uma expressão lógica através da qual os dados são comparados e é tomada uma decisão com base no resultado da comparação.

Sintaxe:

se a expressão:

declaração(ões)

Se a expressão booleana for avaliada como VERDADEIRA, então o bloco de instruções dentro da instrução if é executado. Se a expressão booleana for avaliada como FALSA, é executado o primeiro conjunto de código após o fim da(s) instrução(ões) if.

se o fluxograma da declaração:

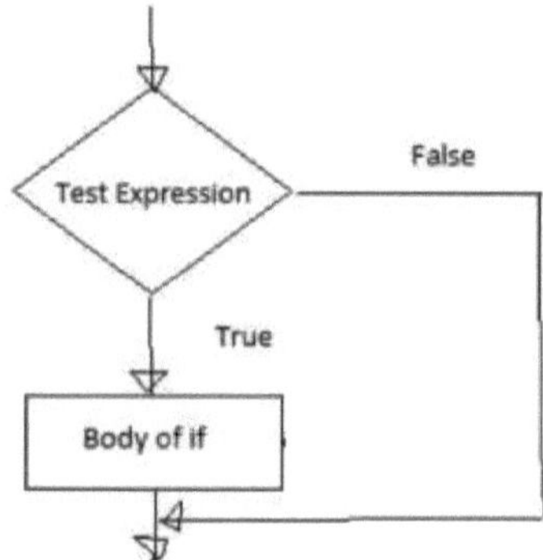

Fig: Funcionamento da instrução if
Exemplo: Declaração if em Python
a = 3
se a > 2:
print(a, "é maior")
print("done")
a = -1
se a < 0:
print(a, "a é mais pequeno")
print("Finish")
Saída:
C:/Usuários/MRCET/AppData/Local/Programas/Python/Python38-32/pyyy/if1.py
3 é maior
feito
-1 a é mais pequeno
Acabamento

a=10
se a>9:
print("A é maior do que 9")
Saída:
C:/Usuários/MRCET/AppData/Local/Programas/Python/Python38-32/pyyy/if2.py
A é maior do que 9
Alternativa se (If-Else):
Uma instrução else pode ser combinada com uma instrução if. Uma instrução else contém o bloco de código (bloco falso) que é executado se a expressão condicional na instrução if resultar em 0 ou num valor FALSE.

A declaração else é uma declaração opcional e só pode haver, no máximo, uma declaração else a seguir a if.

Sintaxe do if - else :
se a expressão de teste:
Corpo de if stmts
e mais:

Corpo de else stmts
Se - senão Fluxograma :

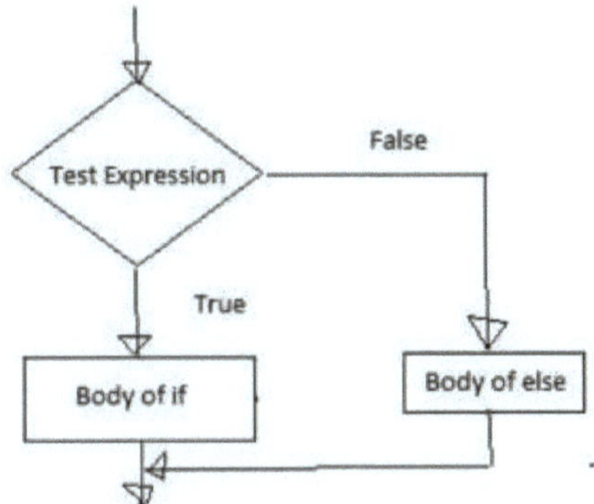

Fig: Funcionamento da instrução if - else

Exemplo de if - else:

a=int(input('introduza o número'))

se a>5:

print("a é maior")

e mais:

print("a é mais pequeno do que a entrada dada")

Saída:

C:/Users/MRCET/AppData/Local/Programs/Python/Python38-32/pyyy/ifelse.py introduzir o número 2

a é menor do que a entrada dada a=10

b=20 se a>b:

print("A é maior do que B")

e mais:

print("B é maior que A")

Saída:

C:/Users/MRCET/AppData/Local/Programs/Python/Python38-32/pyyy/if2.py B é maior do que A

Condicional encadeada: (If-elif-else):

A instrução elif permite-nos verificar várias expressões para TRUE e executar um bloco de código assim que uma das condições for avaliada como TRUE. Tal como o else, a instrução elif é opcional. No entanto, ao contrário do else, para o qual pode haver no máximo uma instrução, pode haver um número arbitrário de instruções elif após um if.

Sintaxe de if - elif - else :

Se a expressão de teste:
Corpo de if stmts
elif expressão de teste:
Corpo de elif stmts
e mais:
Corpo de else stmts

Fluxograma do if - elif - else:

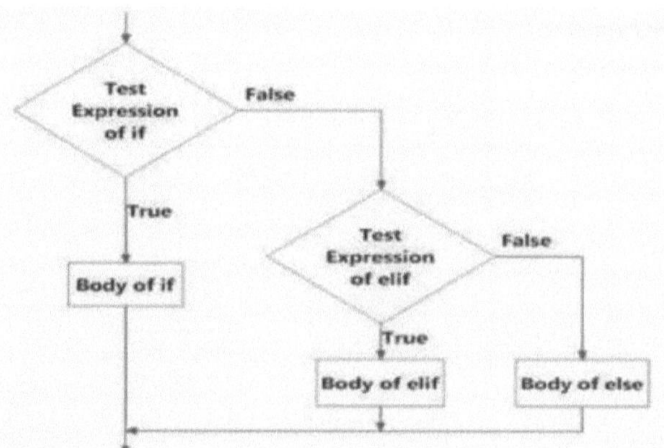

Fig: Funcionamento da instrução if - elif - else

Exemplo de if - elif - else:

a=int(input('introduza o número')) b=int(input('introduza o número')) c=int(input('introduza o número')) if a>b:
print("a é maior")
elif b>c:
print("b é maior")
e mais:
print("c é maior")

Saída:

C:/Users/MRCET/AppData/Local/Programs/Python/Python38-32/pyyy/ifelse.py introduzir o número5
introduzir o número2
introduzir o número9
a é maior
>>>
C:/Users/MRCET/AppData/Local/Programs/Python/Python38-32/pyyy/ifelse.py introduzir o número2
introduzir o número5
introduzir o número9
c é maior var = 100
se var == 200:
print("1 - Obteve um valor de expressão verdadeiro")
imprimir(var)
elif var == 150:
print("2 - Obteve um valor de expressão verdadeiro")
imprimir(var)
elif var == 100:
print("3 - Obteve um valor de expressão verdadeiro")
imprimir(var)
e mais:
print("4 - Obteve um valor de expressão falso")
imprimir(var)
print("Good bye!")

Saída:
C:/Usuários/MRCET/AppData/Local/Programas/Python/Python38-32/pyyy/ifelif.py
3 - Obteve um valor de expressão verdadeiro
100
Até à vista!

Iteração:

Uma instrução de ciclo permite-nos executar uma instrução ou um grupo de instruções várias vezes, desde que a condição seja verdadeira. A execução repetida de um conjunto de instruções com a ajuda de loops é designada por iteração.

As instruções de laços são utilizadas quando precisamos de executar o mesmo código repetidamente, de cada vez com um valor diferente.

Declarações:
Em Python, as instruções de Iteração (Loops) são de três tipos:
1. Enquanto o loop
2. Para laço
3. Laços For aninhados

Enquanto o loop:
- Os loops são infinitos ou condicionais. O ciclo Python while continua a reiterar um bloco de código definido no seu interior até que a condição desejada seja satisfeita.

- O ciclo while contém uma expressão booleana e o código dentro do ciclo é executado repetidamente enquanto a expressão booleana for verdadeira.

- As instruções que são executadas dentro do while podem ser uma única linha de código ou um bloco de várias instruções.

Sintaxe:

while(expressão):
Declaração(ões)

Fluxograma:

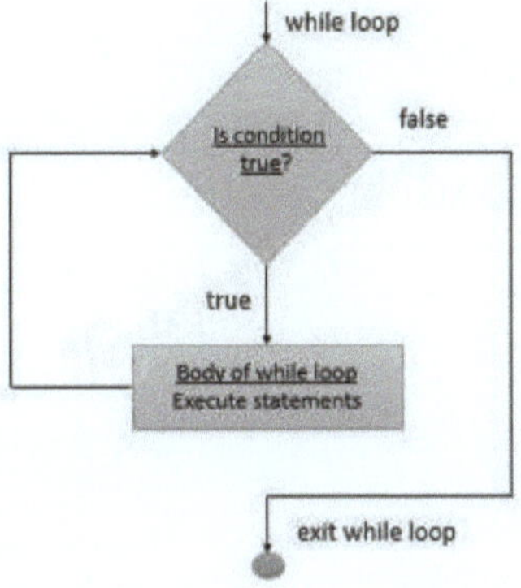

Programas de exemplo:
1.
i=1
enquanto i<=6:
print("Colégio Mrcet")
i=i+1
saída:
C:/Usuários/MRCET/AppData/Local/Programas/Python/Python38-32/pyyy/wh1.py

Colégio Mrcet
Colégio Mrcet
Colégio Mrcet
Colégio Mrcet
Colégio Mrcet
Colégio Mrcet
2.
i=1
enquanto i<=3:
print("MRCET",end=" ")
j=1
enquanto j<=1:
print("CSE DEPT",end="")
j=j+1
i=i+1
imprimir()
Saída:
C:/Usuários/MRCET/AppData/Local/Programas/Python/Python38-32/pyyy/wh2.py
DEPARTAMENTO DE CSE DO MRCET
DEPARTAMENTO DE CSE DO MRCET
DEPARTAMENTO DE CSE DO MRCET
3.
i=1
j=1
enquanto i<=3:
print("MRCET",end=" ")
enquanto j<=1:
print("CSE DEPT",end="")
j=j+1
i=i+1
imprimir()
Saída:
C:/Usuários/MRCET/AppData/Local/Programas/Python/Python38-32/pyyy/wh3.py
DEPARTAMENTO DE CSE DO MRCET
MRCET
MRCET
4.
i = 1
enquanto (i < 10):
imprimir (i)
1   = i+1
Saída:
C:/Usuários/MRCET/AppData/Local/Programas/Python/Python38-32/pyyy/wh4.py 1
2
3
4
5
6
7
8
9

2   .
a = 1
b = 1
enquanto (a<10):
print ('Iteração',a)
a = a + 1
b = b + 1
se (b == 4):
pausa
print ('While loop terminated')
Saída:
C:/Usuários/MRCET/AppData/Local/Programas/Python/Python38-32/pyyy/wh5.py
Iteração 1
Iteração 2
Iteração 3
Enquanto o ciclo termina count = 0
while (count < 9):
print("A contagem é:", contagem)
contagem = contagem + 1
print("Good bye!")
Saída:
C:/Usuários/MRCET/AppData/Local/Programas/Python/Python38-32/pyyy/wh.py =
A contagem é: 0
A contagem é: 1
A contagem é: 2
A contagem é: 3
A contagem é: 4
A contagem é: 5
A contagem é: 6
A contagem é: 7
A contagem é: 8
Até à vista!
Para o loop:

O **ciclo** Python **for** é utilizado para a execução repetida de um grupo de instruções pelo número de vezes pretendido. Ele itera sobre os itens de listas, tuplas, cadeias de caracteres, dicionários e outros objectos iteráveis

I

Sintaxe: for var in sequence:
Declaração(ões)   Uma sequência de valores atribuídos a var em cada iteração
Mantém o valor do item na sequência em cada iteração
Programa de amostra:
números = [1, 2, 4, 6, 11, 20]
seq=0
para val em números:
seq=val*val
print(seq)
Saída:
C:/Usuários/MRCET/AppData/Local/Programas/Python/Python38-32/fr.py 1
4
16
36

121
400
Fluxograma:

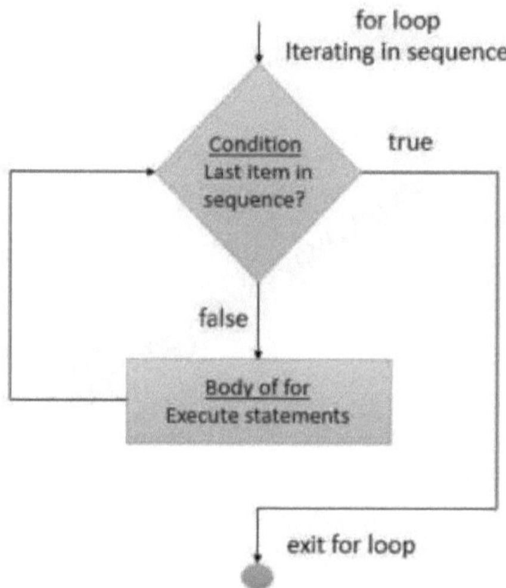

Iteração sobre uma lista:
#lista de itens
lista = ['M','R','C','E','T']
i = 1
#Iteração sobre a lista
para item na lista:
print ('faculdade ',i,' é ',item)
i = i+1
Saída:
C:/Users/MRCET/AppData/Local/Programs/Python/Python38-32/pyyy/lis.py faculdade 1 é
M

a faculdade 2 é R

a faculdade 3 é C

a faculdade 4 é E

a faculdade 5 é T

Iteração sobre uma tupla:
tupla = (2,3,5,7)
print ('Estes são os primeiros quatro números primos ')
#Iterando sobre a tupla
para a in tuple:
imprimir (a)
Saída:
C:/Users/MRCET/AppData/Local/Programs/Python/Python38-32/pyyy/fr3.py Estes são os
primeiros quatro números primos 2 3 5
7
Iteração sobre um dicionário:
#criar um dicionário
faculdade = {"ces": "bloco1", "it": "bloco2", "ece": "bloco3"}

#Iterando sobre o dicionário para imprimir as chaves print ('As chaves são:')
for keys in college: print (keys)
#Iterando sobre o dicionário para imprimir valores
print ('Os valores são:')
para blocos em college.values():
print(blocos)
Saída:
C:/Usuários/MRCET/AppData/Local/Programas/Python/Python38-32/pyyy/dic.py
As chaves são:
ces it
ece
Os valores são:
bloco1
bloco2
bloco3
Iteração sobre uma String:
#declare uma cadeia de caracteres para iterar
faculdade = "MRCET
#Iteração sobre a cadeia
para o nome na faculdade:
imprimir (nome)
Saída:
C:/Usuários/MRCET/AppData/Local/Programas/Python/Python38-32/pyyy/strr.py
M
R
C
E
T
Laço For aninhado:
Quando um Loop definido dentro de outro Loop é chamado de Loops Aninhados.
Sintaxe:
para val na sequência:
para val na sequência:
declarações

declarações

 # Exemplo 1 de laços For aninhados (programas padrão)

para i em range(1,6):

para j em range(0,i):

print(i, end=" ")

imprimir('')

Saída:

C:/Usuários/MRCET/AppData/Local/Programas/Python/Python38-32/pyyy/nesforr.py 1

2   2

3   3 3

4   4 4 4

5   5 5 5 5

 # Exemplo 2 de laços For aninhados (programas padrão)

para i em range(1,6):

para j em range(5,i-1,-1):

print(i, end=" ")

imprimir('')

C:/Usuários/MRCET/AppData/Local/Programas/Python/Python38-32/pyyy/nesforr.py

Saída: 1 1 1 1 1

2   2 2 2

3   3 3

4   4

Interromper e continuar:

Em Python, as instruções **break e continue** podem alterar o fluxo de um loop normal. Por vezes, desejamos terminar a iteração atual ou mesmo todo o ciclo sem verificar a expressão de teste. As instruções break e continue são utilizadas nestes casos.

Intervalo:

A instrução break termina o ciclo que a contém e o controlo do programa passa para a instrução imediatamente a seguir ao corpo do ciclo. Se a instrução break estiver dentro de um loop aninhado (loop dentro de outro loop), break terminará o loop mais interno.

Fluxograma:

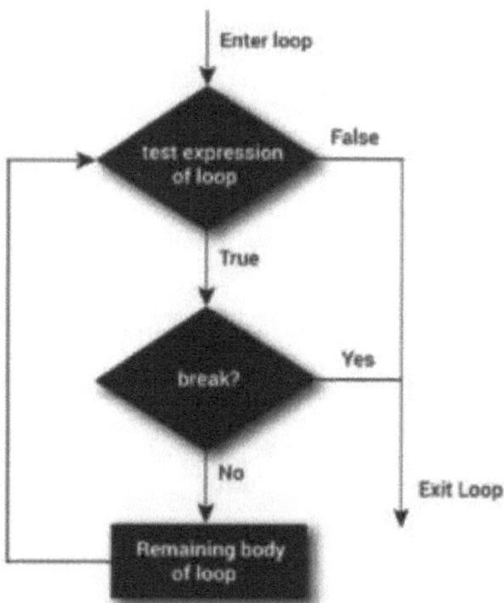

O seguinte mostra o funcionamento da instrução break nos ciclos for e while: **for** var em sequência:
código dentro do loop for
Se a condição:
break (se a condição de break for satisfeita, salta para fora do ciclo)
código dentro do loop for

código fora do for loop
enquanto expressão de teste
código dentro do loop while
Se a condição:
break (se a condição de break for satisfeita, salta para fora do ciclo)
código dentro do loop while
código fora do loop while
Exemplo:
para val em "MRCET COLLEGE":
se val == " ":
pausa
print(val)
print("O fim")
Saída:
M
R
C
E
T
O fim
Programa para visualizar todos os elementos antes do número 88
para num em [11, 9, 88, 10, 90, 3, 19]:
print(num)
se(num==88):
print("O número 88 foi encontrado")
print("Terminar o ciclo")
pausa
Saída:
11
9
88
O número 88 encontra-se
Terminar o ciclo
#
para letra em "Python": # Primeiro exemplo if letra == "h":
pausa
print("Letra atual :", letra)
Saída:
C:/Usuários/MRCET/AppData/Local/Programas/Python/Python38-32/pyyy/br.py =
Letra atual : P
Carta atual : y
Carta atual : t
Continuar:
A instrução continue é utilizada para saltar o resto do código dentro de um ciclo apenas para a iteração atual. O ciclo não termina, mas continua com a iteração seguinte.

Fluxograma:

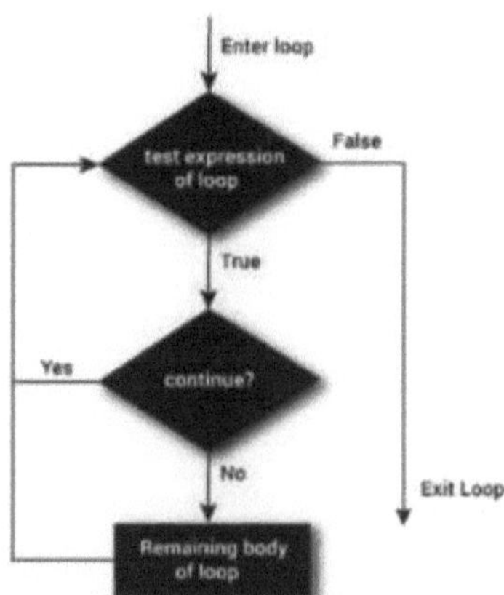

A figura seguinte mostra o funcionamento da instrução break nos ciclos for e while:
para var na sequência:
\#   código dentro do loop for
Se a condição:
continue (se a condição de interrupção for satisfeita, salta para fora do ciclo)
\#   código dentro do loop for
\# código fora do for loop
enquanto expressão de teste
\#   código dentro do loop while
Se a condição:
continue(se a condição de interrupção for satisfeita, salta para fora do ciclo)
\#   código dentro do loop while
\#   código fora do loop while

Exemplo:
\#   Programa para mostrar a utilização da instrução continue dentro de loops
para val em "string":
se val == "i": continuar
print(val)
print("O fim")
Saída:
C:/Users/MRCET/AppData/Local/Programs/Python/Python38-32/pyyy/cont.py s t r n g
O fim
\#   programa para mostrar apenas números ímpares
para num em [20, 11, 9, 66, 4, 89, 44]:
\#   Saltar a iteração quando o número é par
se num%2 == 0: continuar
\#   Esta declaração será ignorada para todos os números pares print(num)
Saída:
C:/Usuários/MRCET/AppData/Local/Programas/Python/Python38-32/pyyy/cont2.py
11
9
89
\#

para letra em "Python": # Primeiro exemplo
se letra == "h":
continuar
print("Letra atual :", letra)
Saída:
C:/Usuários/MRCET/AppData/Local/Programas/Python/Python38-32/pyyy/con1.py
Letra atual : P
Carta atual : y
Carta atual : t
Carta atual : o
Carta atual : n

Funções:

Funções e sua utilização: A função é um grupo de instruções relacionadas que executam uma tarefa específica. As funções ajudam a dividir o nosso programa em partes mais pequenas e modulares. À medida que o nosso programa se torna cada vez maior, as funções tornam-no mais organizado e manejável. Evitam a repetição e tornam o código reutilizável. Basicamente, podemos dividir as funções nos dois tipos seguintes:

1. **Funções incorporadas** - Funções que estão incorporadas no Python.

Ex: αbs(),αll().αscii(),bool() assim por diante....

inteiro = -20

print('O valor absoluto de -20 é:', abs(integer))

Saída:

O valor absoluto de -20 é: 20

2. **Funções definidas** pelo **utilizador** - Funções definidas pelos próprios utilizadores.

def add_numbers(x,y): sum = x + y return sum

print("A soma é", add_numbers(5, 20))

Saída:

A soma é de 25

Passar:

Na programação Python, pass é uma declaração nula. A diferença entre um comentário e uma declaração pass em Python é que, enquanto o intérprete ignora completamente um comentário, pass não é ignorado.

pass é apenas um espaço reservado para a funcionalidade a ser adicionada mais tarde.

Exemplo:

sequência = {'p', 'a', 's', 's'}

para val na sequência:

passar

Saída:

C:/Usuários/MRCET/AppData/Local/Programas/Python/Python38-32/pyyy/f1.y.py

>>>

Da mesma forma, também podemos escrever,

def f(arg): pass # uma função que não faz nada (ainda)

class C: pass # uma classe sem métodos (ainda)

Fluxo de execução:

1.   A ordem pela qual as instruções são executadas é chamada de fluxo de execução

2.   A execução começa sempre na primeira frase do programa.

3.   As instruções são executadas uma de cada vez, por ordem, de cima para baixo.

4.   As definições de funções não alteram o fluxo de execução do programa, mas lembre-se de que as instruções dentro da função não são executadas até que a função seja chamada.

5. As chamadas de função são como um bypass no fluxo de execução. Em vez de passar para a instrução seguinte, o fluxo salta para a primeira linha da função chamada, executa todas as instruções aí contidas e, em seguida, volta para retomar o ponto onde parou.

Nota: Quando ler um programa, não leia de cima para baixo. Em vez disso, siga o fluxo de execução. Isto significa que irá ler as declarações def à medida que vai lendo de cima para baixo, mas deve saltar as declarações da definição da função até chegar a um ponto em que essa função é chamada.

Exemplo:

#exemplo de fluxo de execução

print("welcome")

para x em range(3):

print(x)

print("Bom dia faculdade")

Saída:

C:/Usuários/MRCET/AppData/Local/Programas/Python/Python38-32/pyyy/flowof.py bem-vindo

0

Bom dia, faculdade
O fluxo/ordem de execução é: 2,3,4,3,4,3,4,4,5

```
flowof.py - C:/Users/MRCET/AppData/Local/Programs/Python/Python38-32/pyyy/flowof.py (3...

File   Edit   Format   Run   Options   Window   Help

1  #example for flow of execution with functions
2  print("welcome")
3  for x in range(3):
4      print(x)
5  print("Good morning college")
```

```
flowof.py - C:/Users/MRCET/AppData/Local/Programs/Python/Python38-32/pyyy/flowof.py (3...

File   Edit   Format   Run   Options   Window   Help

1  #example for flow of execution with functions
2  def hello():
3      print("Good morning")
4      print("mrcet")
5  print("hi")
6  print("hello")
7  hello()
8  print("done!")
```

Saída:

C:/Usuários/MRCET/AppData/Local/Programas/Python/Python38-32/pyyy/flowof.py olá olá

Bom dia
mrcet
feito!
O fluxo/ordem de execução é: 2,5,6,7,2,3,4,7,8

Parâmetros e argumentos:
Os parâmetros são transmitidos durante a definição da função, enquanto os argumentos são transmitidos durante a chamada da função.

Exemplo:
#onde a e b são parâmetros
def add(a,b): #// definição da função
devolver a+b
#12 e 13 são argumentos
#chamada de função
resultado=adicionar(12,13)
imprimir(resultado)
Saída:
C:/Usuários/MRCET/AppData/Local/Programas/Python/Python38-32/pyyy/paraarg.py
25
Existem três tipos de argumentos de funções Python com os quais podemos chamar uma função.
1. Argumentos por defeito
2. Argumentos de palavras-chave
3. Argumentos de comprimento variável
Sintaxe:
def functionname():
declarações functionname()
A definição de função é constituída pelos seguintes componentes:
1. A palavra-chave **def** indica o início do cabeçalho da função.
2. Um nome de função para a identificar de forma única. A nomeação de funções segue as mesmas regras de escrita de identificadores em Python.
3. Parâmetros (argumentos) através dos quais passamos valores a uma função. São opcionais.
4. **Dois pontos (:)** para marcar o fim do cabeçalho da função.
5. Cadeia de documentação opcional (docstring) para descrever o que a função faz.
6. Uma ou mais declarações python válidas que constituem o corpo da função. As declarações devem ter o mesmo nível de indentação (normalmente 4 espaços).
7. Uma instrução de retorno opcional para devolver um valor da função.
Exemplo:
def hf():
olá mundo
hf()
No exemplo acima, estamos apenas a tentar executar o programa chamando a função. Por isso, não apresentará qualquer erro nem saída para o ecrã, mas será executado.

Para obter as declarações da função, é necessário utilizar print().
#chamada de função em python:
def hf():
print("hello world")
hf()
Saída:
hello world def hf():
print("hw")
print("gh kfjg 66666")
hf()
hf()
hf()
Saída:
hw
gh kfjg 66666

```
hw
gh kfjg 66666
hw
gh kfjg 66666

def add(x,y):
c=x+y
imprimir(c)
adicionar(5,4)
```
Saída:
```
9
def add(x,y):
c=x+y
return c print(add(5,4))
```
Saída:
```
9 def add_sub(x,y):
c=x+y
d=x-y
devolver c,d
print(add_sub(10,5))
```
Saída:
```
(15, 5)
```
A instrução **return** é utilizada para sair de uma função e regressar ao local de onde foi chamada. Esta instrução pode conter uma expressão que é avaliada e o valor é devolvido. Se não existir qualquer expressão na expressão ou se a própria expressão return não estiver presente numa função, a função devolverá o objeto **None**.
```
def hf():
return "hw"
print(hf())
```
Saída:
```
hw def hf():
return "hw"
hf()
```
Saída:
```
C:/Usuários/MRCET/AppData/Local/Programas/Python/Python38-32/pyyy/fu.py
>>> def hello_f():
return "hellocollege"
print(hello_f().upper())
```
Saída:
```
COLÉGIO
# Passagem de argumentos
def hello(wish):
return '{}'.format(wish)
print(hello("mrcet"))
```
Saída:
```
mrcet
```
Aqui, a função wish() tem dois parâmetros. Uma vez que chamámos esta função com dois argumentos, ela funciona sem problemas e não obtemos qualquer erro. Se a chamarmos com

um número diferente de argumentos, o intérprete apresentará erros.

```
def wish(name,msg):
"""Esta função saúda a
a pessoa com a mensagem fornecida"""
print("Olá",nome + ' ' + msg)
wish("MRCET", "Bom dia!")
```

Saída:

Olá MRCET Bom dia!

Abaixo está uma chamada a esta função com um e sem argumentos, juntamente com as respectivas mensagens de erro.

```
>>> wish("MRCET") # apenas um argumento
TypeError: wish() falta 1 argumento posicional obrigatório: 'msg'
>>> wish() # sem argumentos
TypeError: wish() missing 2 required positional arguments: 'name' e 'msg' def
hello(wish,hello):
return "hi" '{},{}'.format(wish,hello)
print(hello("mrcet", "college"))
```

Saída:

himrcet,faculdade

#Argumentos de palavras-chave

Quando chamamos uma função com alguns valores, estes valores são atribuídos aos argumentos de acordo com a sua posição.

Python permite que as funções sejam chamadas usando argumentos de palavras-chave.

Quando chamamos funções desta forma, a ordem (posição) dos argumentos pode ser alterada.

(Ou)

Se tivermos algumas funções com muitos parâmetros e quisermos especificar apenas alguns deles, podemos atribuir valores a esses parâmetros dando-lhes um nome - chama-se a isto **argumentos por palavra-chave** - utilizamos o nome (palavra-chave) em vez da posição (que temos estado a utilizar desde o início) para especificar os argumentos da função.

Há duas *vantagens* - uma, a utilização da função é mais fácil, uma vez que não precisamos de nos preocupar com a ordem dos argumentos. Segundo, podemos dar valores apenas aos parâmetros que queremos, desde que os outros parâmetros tenham valores de argumento predefinidos.

```
def func(a, b=5, c=10):
print 'a is', a, 'and b is', b, 'and c is', c
func(3, 7)
func(25, c=24)
func(c=50, a=100)
```

Saída:

a é 3, b é 7 e c é 10

a é 25, b é 5 e c é 24

a é 100, b é 5 e c é 50

Nota:

A função denominada func tem um parâmetro sem valores de argumento predefinidos, seguido de dois parâmetros com valores de argumento predefinidos.

Na primeira utilização, func(3, 7), o parâmetro a recebe o valor 3, o parâmetro b recebe o valor 5 e c recebe o valor predefinido de 10.

Na segunda utilização func(25, c=24), a variável a recebe o valor 25 devido à posição do argumento. Depois, o parâmetro c recebe o valor 24 devido à nomeação, ou seja, aos argumentos por palavra-chave. A variável b recebe o valor por defeito de 5.

Na terceira utilização func(c=50, a=100), utilizamos completamente argumentos de palavras-chave para especificar os valores. Repare que estamos a especificar o valor do parâmetro c antes do valor de a, apesar de a estar definido antes de c na definição da função.

Por exemplo: se definir a função da seguinte forma

def func(b=5, c=10,a): # mostra erro : argumento não predefinido segue argumento

predefinido def print_name(name1, name2):

""" Esta função imprime o nome """

print (nome1 + " e " + nome2 + " são amigos")

#chamar a função

print_name(nome2 = 'A',nome1 = 'B')

Saída:

B e A são amigos

#Argumentos predefinidos

Os argumentos das funções podem ter valores por defeito em Python.

Podemos fornecer um valor por defeito a um argumento utilizando o operador de atribuição (=)

def hello(wish,name='you'):

return '{},{}'.format(wish,name)

print(hello("bom dia"))

Saída:

bom dia,tu def hello(wish,name='you'):

return '{},{}'.format(wish,name) //print(wish + ' ' + name)

print(hello("bom dia", "nirosha")) // olá("bom dia", "nirosha")

Saída:

bom dia, nirosha // bom dia, nirosha

Nota: Qualquer número de argumentos numa função pode ter um valor por defeito. Mas quando temos um argumento predefinido, todos os argumentos à sua direita também têm de ter valores predefinidos.

Isto significa que os argumentos não predefinidos não podem seguir os argumentos predefinidos. Por exemplo, se tivéssemos definido o cabeçalho da função acima como:

def hello(name='you', wish):

Erro de sintaxe: argumento não predefinido segue argumento predefinido def sum(a=4, b=2):

#2 é fornecido como argumento por defeito

""" Esta função imprimirá a soma de dois números

se os argumentos não forem fornecidos

adicionará o valor predefinido

imprimir (a+b)

sum(1,2) #chamada com argumentos

sum( ) #chamada sem argumentos

Saída:

3

Argumentos de comprimento variável

Por vezes, pode ser necessário utilizar mais argumentos para processar a função do que os mencionados na definição. Se não soubermos antecipadamente quais os argumentos necessários para a função, podemos utilizar argumentos de comprimento variável, também chamados argumentos arbitrários.

Para isso, um asterisco (*) é colocado antes de um parâmetro na definição da função que pode conter argumentos de comprimento variável sem palavra-chave e um asterisco duplo (**) é colocado antes de um parâmetro na função que pode conter argumentos de comprimento variável com palavra-chave.

Se utilizarmos um asterisco (*) como *var, então todos os argumentos posicionais desde esse ponto até ao fim são recolhidos como uma <u>tupla</u> chamada 'var' e se utilizarmos dois asteriscos (♦♦) antes de uma variável como **var, então todos os argumentos posicionais desde esse ponto até ao fim são recolhidos como um <u>dicionário</u> chamado 'var'.

```
def wish(*names):
        Esta função saúda todos os
a pessoa na tupla de nomes.
# names é uma tupla com argumentos
para nome em nomes:
print("Olá",nome)
wish("MRCET", "CSE", "SIR"," MADAM" )
```

Saída:

Olá MRCET

Olá CSE

Olá SIR

Olá Senhora

#Programa para encontrar a área de uma circunferência utilizando a função utilizar a função de valor de retorno único com o argumento.

```
pi=3,14
def areaOfCircle(r):
devolver pi*r*r
r=int(input("Introduza o raio do círculo"))
print(areaOfCircle(r))
```

Saída:

C:/Usuários/MRCET/AppData/Local/Programas/Python/Python38-32/pyyy/fu1 .py

Introduzir o raio do círculo 3

28.259999999999998

#Programa para escrever a soma de diferentes produtos e utilizando argumentos com função de valor de retorno.

```
def calculete(a,b):
total=a+b
diff=a-b
prod=a*b
div=a/b
mod=a%b
devolver total, diff, prod, div, mod
a=int(input("Introduza um valor"))
b=int(input("Introduza o valor b"))
#chamada de função
```

```python
s,d,p,q,m = calculete(a,b)
print("Sum= ",s, "diff= ",d, "mul= ",p, "div= ",q, "mod= ",m)
#imprimir("diff= ",d)
#imprimir("mul= ",p)
#imprimir("div= ",q)
#imprimir("mod= ",m)
```
Saída:
C:/Usuários/MRCET/AppData/Local/Programas/Python/Python3 8 -32/pyyy/ful .py
Introduzir um valor 5
Introduzir o valor b 6
Soma= 11 diff= -1 mul= 30 div= 0.8333333333333334 mod= 5
#programa para encontrar o maior de dois números utilizando funções.
```python
def biggest(a,b):
se a>b :
devolver um
senão :
return b a=int(input("Introduzir um valor")) b=int(input("Introduzir um valor b"))
#chamada de função
big= maior(a,b)
print("número grande= ",grande)
```
Saída:
C:/Usuários/MRCET/AppData/Local/Programas/Python/Python38-32/pyyy/ful .py
Introduzir um valor 5
Introduzir o valor b-2
número grande= 5
#programa para encontrar o maior de dois números usando funções. (aninhado se)
```python
def biggest(a,b,c): if a>b :
se a>c :
devolver um
senão :
regressar c
senão :
se b>c :
retornar b
senão :
regressar c
a=mt(mput("Introduza um valor"))
b=int(input("Introduza o valor b"))
c=mt(mput("Introduzir valor c"))
#chamada de função
big= maior(a,b,c)
print("número grande= ",grande)
```
Saída:
C:/Usuários/MRCET/AppData/Local/Programas/Python/Python38-32/pyyy/ful .py
Introduzir um valor 5
Introduzir o valor b -6
Introduzir o valor c 7
número grande= 7
#Writer um programa para ler a nota de uma disciplina e imprimir a aprovação ou reprovação utilizando uma função de valores de retorno únicos com argumento.
```python
def result(a):
se a>40:
```

devolver "pass"
e mais:
devolver "falha"
a=int(input("Introduzir as marcas de uma disciplina"))
print(resultado(a))
Saída:
C:/Usuários/MRCET/AppData/Local/Programas/Python/Python3 8 -32/pyyy/ful .py
Introduzir uma disciplina com 35 pontos de reprovação
#Escrever um programa para mostrar 10 vezes no ecrã o número mrecet cse dept. (loop while)
def usingFunctions():
contagem =0
enquanto a contagem<10:
print("mrcet cse dept",count)
contagem=contagem+1
usingFunctions()
Saída:
C:/Users/MRCET/AppData/Local/Programs/Python/Python3 8 -32/pyyy/ful .py mrcet cse dept 0 mrcet cse dept 1 mrcet cse dept 2 mrcet cse dept 3 mrcet cse dept 4 mrcet cse dept 5 mrcet cse dept 6 mrcet cse dept 7 mrcet cse dept 8 mrcet cse dept 9

## CAPÍTULO - III

FUNÇÕES, MATRIZES

Funções úteis: valores de retorno, parâmetros, âmbito local e global, composição de funções, recursão; Funções avançadas: lambda, map, filter, reduce, compreensões básicas de tipos de dados.

Matrizes em Python: Criar uma matriz, aceder aos elementos de uma matriz, métodos de matriz.

Funções, matrizes:

Funções frutuosas:

Escrevemos funções que devolvem valores, a que chamaremos funções frutíferas. Já vimos a declaração de retorno antes, mas numa função frutífera a declaração de retorno inclui um valor de retorno. Esta instrução significa: "Retorna imediatamente desta função e usa a seguinte expressão como valor de retorno".

$$( )^{or}$$

Qualquer função que devolva um valor é designada por função frutífera. Uma função que não devolve um valor é chamada de função nula

Valores de retorno:

A palavra-chave return é utilizada para devolver o valor à função chamada.

 # devolve a área de um círculo com o raio dado:

def área(raio):

temp = 3,14 * raio**2

retornar temp

print(área(4))

(or)

def área(raio):

retorno 3,14 * raio**2

print(área(2))

Por vezes é útil ter várias instruções de retorno, uma em cada ramo de uma condicional:

def valor_absoluto(x):

se x < 0:

devolver -x

e mais:

devolver x

Uma vez que estas instruções de retorno estão numa condicional alternativa, apenas uma será executada.

Assim que uma instrução return é executada, a função termina sem executar quaisquer instruções subsequentes. O código que aparece depois de uma instrução return, ou em qualquer outro lugar que o fluxo de execução nunca possa alcançar, é chamado de código morto.

Numa função frutuosa, é uma boa ideia garantir que todos os caminhos possíveis através do programa chegam a uma declaração de retorno. Por exemplo:

def valor_absoluto(x):

se x < 0:

devolver -x

se x > 0:

retorno x

Esta função está incorrecta porque, se x for 0, ambas as condições são verdadeiras e a função termina sem atingir uma instrução de retorno. Se o fluxo de execução chegar ao fim de uma função, o valor de retorno é Nenhum, que não é o valor absoluto de 0.

>>> print valor_absoluto(0)

Nenhum

A propósito, Python fornece uma função integrada chamada abs que calcula valores absolutos.

Escreve uma função Python que recebe duas listas e devolve True se tiverem pelo menos um membro comum.

def dados_comuns(lista1, lista2):

para x na lista1:

para y na lista2:

se x == y:

resultado = Verdadeiro

devolver resultado

print(common_data([1,2,3,4,5], [1,2,3,4,5]))

print(common_data([1,2,3,4,5], [1,7,8,9,510]))

print(common_data([1,2,3,4,5], [6,7,8,9,10]))

Saída:

C:\Usuários\MRCET\AppData\Local\Programas\Python\Python38-32\pyyy\fu1.py

Verdadeiro

Verdadeiro

Nenhum

#

def área(raio):

b = 3,14159 * raio**2

retornar b

Parâmetros:

Os parâmetros são transmitidos durante a definição da função, enquanto os argumentos são transmitidos durante a chamada da função.

Exemplo:

#onde a e b são parâmetros

def add(a,b): #// definição da função

devolver a+b

12 e 13 são argumentos

#chamada de função

resultado=adicionar(12,13)

imprimir(resultado)

Saída:

C:/Usuários/MRCET/AppData/Local/Programas/Python/Python38-32/pyyy/paraarg.py

25

Alguns exemplos de funções:

Para visualizar o vandemataram através de uma função, não utilizar args nem tipo de retorno

#definição de função

def display():

print("vandemataram")

print("i am in main")

#function call display() print("i am in main")

Saída:

C:/Users/MRCET/AppData/Local/Programs/Python/Python3 8 -32/pyyy/ful .py estou no principal vandemataram estou no principal

Tipo1 : Sem parâmetros e sem tipo de retorno

```
def Fun1() :
print("função 1")
Fun1()
```

Saída:

C:/Usuários/MRCET/AppData/Local/Programas/Python/Python3 8 -32/pyyy/ful .py função 1

Tipo 2: com param sem tipo de retorno

```
def fun2(a) :
imprimir(a)
fun2("olá")
```

Saída:

C:/Usuários/MRCET/AppData/Local/Programas/Python/Python3 8 -32/pyyy/ful .py Olá

Tipo 3: sem parâmetro com tipo de retorno

```
def fun3():
return "welcome to python" print(fun3())
```

Saída:

C:/Usuários/MRCET/AppData/Local/Programas/Python/Python38-32/pyyy/ful .py bem-vindo ao python

Tipo 4: com param com tipo de retorno

```
def fun4(a):
devolver um
print(fun4("python is better than c"))
```

Saída:

C:/Usuários/MRCET/AppData/Local/Programas/Python/Python38-32/pyyy/ful .py python é melhor do que c

Âmbito local e global:

Âmbito local:

Uma variável definida dentro de uma função é local a essa função. É acessível desde o ponto em que é definida até ao fim da função, e existe enquanto a função estiver a ser executada

Âmbito global:

Uma variável que é definida no corpo principal de um ficheiro é chamada variável global. Será visível em todo o ficheiro e também dentro de qualquer ficheiro que o importe.

- A variável definida dentro de uma função também pode ser tornada global através da utilização da instrução global.

```
def nome_da_função(args):
global x #declarar variável global dentro de uma função
```

criar uma variável global

```
x = "global"
def f():
print("x inside :", x)
f()
print("x fora:", x)
```

Saída:

C:/Usuários/MRCET/AppData/Local/Programas/Python/Python3 8 -32/pyyy/ful .py
x interior : global
x exterior: global
 #   criar uma variável local
def f1():
y = "local"
pr^{int} (y)
f1()
Saída:
local
- Se tentarmos aceder à variável local fora do âmbito, por exemplo,
def f2():
y = "local"
f2()
print(y)
Depois, quando tentamos executá-lo, aparece um erro,
Traceback (última chamada mais recente):
Ficheiro "C:/Users/MRCET/AppData/Local/Programs/Python/Python38-32/pyyy/fu1 .py",
linha 6, em <module>
print(y)
NameError: o nome 'y' não está definido
O resultado mostra um erro, porque estamos a tentar aceder a uma variável local y num
âmbito global, enquanto a variável local só funciona dentro de f2() ou no âmbito local.
 # utilizar variáveis locais e globais no mesmo código
x = "global"
def f3(): global x y = "local" x = x * 2 print(x) pr^{int} (y)
f3()
Saída:
C:/Usuários/MRCET/AppData/Local/Programas/Python/Python38-32/pyyy/fu1.py
globalglobal local
•   No código acima, declaramos x como uma variável global e y como uma variável local
em f3(). Em seguida, utilizamos o operador de multiplicação * para modificar a variável
global x e imprimimos x e y.
•   Depois de chamar f3(), o valor de x torna-se global global porque utilizámos o x * 2 para
imprimir duas vezes global. Depois disso, imprimimos o valor da variável local y, ou seja,
local.
 # utilizar variável global e variável local com o mesmo nome
x = 5
def f4():
x = 10
print("local x:", x)
f4()
print("global x:", x)
Saída:
C:/Users/MRCET/AppData/Local/Programs/Python/Python3 8 -32/pyyy/fu1 .py local x: 10
global x: 5
Composição da função:
Ter duas (ou mais) funções em que a saída de uma função é a entrada para outra. Por
exemplo, se tiver duas funções FunctionA e FunctionB, pode compô-las fazendo o seguinte
FunçãoB(FunçãoA(x))

Aqui, x é a entrada para a FunçãoA e o resultado é a entrada para a FunçãoB.
Exemplo 1:

```
>    criar uma função compose2
>    >> def compose2(f, g): return lambda x:f(g(x))
>    >> def d(x):
devolver x*2
>    >> def e(x): return x+1
>    >> a=compose2(d,e) # FunçãoC = compose(FunçãoB,FunçãoA)
>    >> a(5)    # FunçãoC(x)
12
```

No programa acima, tentámos compor n funções com a função principal criada.
Exemplo 2:

```
>>> cores=('vermelho','verde','azul')
>>> fruits=['orange','banana','cherry']
>>> zip(cores,frutos)
<objeto zip em 0x03DAC6C8>
>>> list(zip(cores,frutos))
[('vermelho', 'laranja'), ('verde', 'banana'), ('azul', 'cereja')]
```

Recursão:

A recursão é o processo de definir algo em termos de si próprio.

Função recursiva Python

Sabemos que, em Python, uma função pode chamar outras funções. É até possível que a função se chame a si própria. Este tipo de construção é designado por funções recursivas.

O fatorial de um número é o produto de todos os números inteiros de 1 a esse número. Por exemplo, o fatorial de 6 (denotado como 6!) é 1*2*3*4*5*6 = 720.

Segue-se um exemplo de função recursiva para determinar o fatorial de um número inteiro.

```
# Escrever um programa para fatorial usando recursão
def fact(x):
se x==0:
resultado = 1
senão :
resultado = x * facto(x-1)
devolver resultado
print("zero fatorial",fact(0))
print("cinco fatorial",fact(5))
```

Saída:

```
C:/Usuários/MRCET/AppData/Local/Programas/Python/Python38-32/pyyy/rec.py
zero fatorial 1
cinco factoriais 120 def calc_factorial(x):
"""Esta é uma função recursiva
para determinar o fatorial de um número inteiro"""
se x == 1:
retorno 1
e mais:
return (x * calc_factorial(x-1))
num = 4
print("O fatorial de", num, "é", calc_factorial(num))
```

Saída:

C:/Usuários/MRCET/AppData/Local/Programas/Python/Python38-32/pyyy/rec.py

O fatorial de 4 é 24

Funções avançadas:

A função anónima é uma função definida sem nome.

Enquanto as funções normais são definidas utilizando a **palavra-chave def**.

As funções anónimas são definidas utilizando a **palavra-chave lambda**, pelo que as funções anónimas são também designadas por **funções lambda**.

Sintaxe: lambda argumentos: expressão

* A função Lambda pode ter qualquer número de argumentos para qualquer expressão.
* A expressão é avaliada e devolvida.

Utilização de funções Lambda:

* As funções Lambda são utilizadas como funções sem nome durante um curto período de tempo.
* Em python, as funções lambda são um argumento para funções de ordem superior.
* As funções Lambda são utilizadas juntamente com funções incorporadas, como filter(), map() e reduce(), etc. ....

 # Escrever um programa para duplicar um determinado número

double = lambda x:2*x

print(double(5))

Saída:

C:/Usuários/MRCET/AppData/Local/Programas/Python/Python38-32/pyyy/fu1.py

10

#Escrever um programa para a soma de dois números

add = lambda x,y:x+y

print(add(5,4))

Saída:

C:/Usuários/MRCET/AppData/Local/Programas/Python/Python38-32/pyyy/fu1.py

9

#Escreva um programa para encontrar o maior de dois números

maior = lambda x,y: a if x>y else y

print(maior(20,30))

Saída:

C:/Usuários/MRCET/AppData/Local/Programas/Python/Python38-32/pyyy/fu1 .py

30

Poderosa função Lamda em python:

As funções Lambda são utilizadas juntamente com funções incorporadas como filter(), map() e reduce()etc....

Filtro():

* As funções de filtro recebem uma lista como argumento.
* A função filter() é chamada quando é devolvida uma nova lista que contém itens para os quais a função é avaliada como verdadeira.
* Filter:A função filter() devolve um iterador onde os itens são filtrados através de uma função para testar se o item é aceite ou não.

Sintaxe: filter(function, iterable)

#Escreva um programa para a função filter() para filtrar apenas números pares da lista dada
myList =[1,2,3,4,5,6]
newList = list(filter(lambda x: x%2 ==0,myList))
imprimir(newList)
Saída:
C:\Usuários\MRCET\AppData\Local\Programas\Python\Python38-32\pyyy\ful.py
[2, 4, 6]
#Escreva um programa para a função filter() para imprimir os itens maiores que 4
listi = [10,2,8,7,5,4,3,11,0, 1]
resultado = filtro (lambda x: x > 4, lista1)
print(list(result))
Saída:
C:/Usuários/MRCET/AppData/Local/Programas/Python/Python3 8 -32/pyyy/m1.py =
[10, 8, 7, 5, 11]
Mapa() :
- A função Map() em python recebe uma função e uma lista.
- A função é chamada com todos os itens da lista e é devolvida uma nova lista que contém os itens devolvidos por essa função para cada item.
- O mapa aplica uma função a todos os itens de uma lista.
- A vantagem do operador lambda pode ser vista quando é utilizado em combinação com a função map().
- map() é uma função com dois argumentos:
Sintaxe: r = map(func, seq)
#Escrever um programa para a função map() para duplicar todos os itens da lista
myList =[1,2,3,4,5,6,7,8,9,10]
newList = list(map(lambda x: x*2,myList))
imprimir(newList)
Saída:
C:\Usuários\MRCET\AppData\Local\Programas\Python\Python38-32\pyyy\ful.py
[2, 4, 6, 8, 10, 12, 14, 16, 18, 20]
 # Escreva um programa para separar as letras da palavra "hello" e adicionar as letras como itens da lista.
letras = []
letras = list(map(lambda x:x, "hello"))
print(letras)
Saída:
C:\U sers\ MRCET\ AppData\ Local\ Programs\ Python\ Python3 8-32\ pyyy\ ful .py
['h', 'e', 'l', 'l', 'o']
#Escrever um programa para a função map() para duplicar todos os itens da lista?
def adição(n):
devolver n + n
números = (1, 2, 3, 4)
resultado = map(adição, números)
print(list(result))
Saída:
C:/Usuários/MRCET/AppData/Local/Programas/Python/Python38-32/pyyy/m1 .py =
[2, 4, 6, 8]

Reduzir():
* Aplica a mesma operação aos itens da sequência.
* Utilizar o resultado da primeira operação para a operação seguinte
* Devolve um item, não uma lista.
* Reduzir: A função reduce(fun, seq)é utilizada para aplicar uma determinada
* A função "functools" é definida no módulo "functools". Esta função está definida no módulo "functools".

#Escreva um programa para encontrar alguns dos números para os elementos da lista usando reduce()

importar functools
myList =[1,2,3,4,5,6,7,8,9,10]
print(functools.reduce(lambda x,y: x+y,myList))

Saída:

C:\Usuários\MRCET\AppData\Local\Programas\Python\Python38-32\pyyy\fu1.py

55

#Escreva um programa para a função reduce() para imprimir o produto dos itens de uma lista

from functools import reduce

listi = [1,2,3,4,5]

product = reduce (lambda x, y: x*y, list1)

imprimir(produto)

Saída:

C:/Usuários/MRCET/AppData/Local/Programas/Python/Python3 8 -32/pyyy/m1.py =

120

Compreensões básicas de tipos de dados:

<u>Compreensão da lista:</u>

As compreensões de listas constituem uma forma concisa de criar listas. As aplicações mais comuns são a criação de novas listas em que cada elemento é o resultado de algumas operações aplicadas a cada membro de outra sequência ou iterável, ou a criação de uma subsequência dos elementos que satisfazem uma determinada condição.

Por exemplo, suponhamos que queremos criar uma lista de quadrados, como:

```
>>> list1=[]
>>> for x in range(10):
lista1.append(x**2)
>>> listi
[0, 1, 4, 9, 16, 25, 36, 49, 64, 81]
```
(or)

Isto também é equivalente a
```
>>> list1=list(map(lambda x:x**2, range(10)))
>>> listi
[0, 1, 4, 9, 16, 25, 36, 49, 64, 81]
```
(or)

O que é mais conciso e redigível.
```
>>> list1=[x**2 for x in range(10)]
>>> lista1
[0, 1, 4, 9, 16, 25, 36, 49, 64, 81]
```

De igual modo, alguns exemplos:
```
>>> x=[m for m in range(8)]
>>> print(x)
[0, 1, 2, 3, 4, 5, 6, 7]
>>> x=[z**2 for z in range(10) if z>4]
>>> print(x)
[25, 36, 49, 64, 81]
>>> x=[x ** 2 for x in range (1, 11) if x % 2 == 1]
>>> print(x)
[1, 9, 25, 49, 81] >>> a=5
>>> tabela = [[a, b, a * b] for b in range(1, 11)]
>>> for i in table:
print(i) [5, 1, 5]
[5, 2, 10]
[5, 3, 15]
[5, 4, 20]
[5, 5, 25]
[5, 6, 30]
[5, 7, 35]
[5, 8, 40]
[5, 9, 45]
[5, 10, 50]
```

Compreensão de tuplas:

As compreensões de tuplas são especiais: O resultado de uma compreensão de tuplas é especial. Seria de esperar que produzisse uma tupla, mas o que faz é produzir um objeto "gerador" especial sobre o qual podemos iterar.

Por exemplo:
```
>>> x = (i for i in 'abc') #compreensão de tuplas
>>> x
<objeto gerador <genexpr> em 0x033EEC30>
>>> print(x)
<objeto gerador <genexpr> em 0x033EEC30>
```
Você poderia esperar que isso fosse impresso como ('a', 'b', 'c') mas ele imprime como <objeto gerador <genexpr> em 0x02AAD710> O resultado de uma compreensão de tupla não é uma tupla: é na verdade um gerador. A única coisa que você precisa saber sobre um gerador agora é que você pode iterar sobre ele, mas APENAS UMA VEZ.

Assim, dado o código
```
>>> x = (i for i in 'abc')
>>> for i in x: print(i)
a
b
c
```

Criar uma lista de 2 tuplos como (número, quadrado):
```
>>> z=[(x, x**2) for x in range(6)]
>>> z
[(0, 0), (1, 1), (2, 4), (3, 9), (4, 16), (5, 25)]
```
Compreensão do conjunto:

Tal como as compreensões de listas, as compreensões de conjuntos também são suportadas:

>>> a = {x for x in 'abracadabra' if x not in 'abc'}
>>> a
{'r', 'd'}
>>> x={3*x for x in range(10) if x>5}
>>> x
{24, 18, 27, 21}

<u>Compreensão do dicionário :</u>

As compreensões de dicionário podem ser utilizadas para criar dicionários a partir de expressões arbitrárias de chave e valor:

>>> z={x: x**2 for x in (2,4,6)}
>>> z
{2: 4, 4: 16, 6: 36}
>>> dict11 = {x: x*x for x in range(6)}
>>> dict11
{0: 0, 1: 1, 2: 4, 3: 9, 4: 16, 5: 25}

Matrizes Python:

A matriz é um contentor que pode conter um número fixo de itens e estes itens devem ser do mesmo tipo. A maioria das estruturas de dados utiliza matrizes para implementar os seus algoritmos. Seguem-se os termos importantes para compreender o conceito de matriz.

*   **Elemento** - Cada item armazenado numa matriz é designado por elemento.
*   **Índice** - Cada localização de um elemento numa matriz tem um índice numérico, que é utilizado para identificar o elemento.

Representação de matrizes

As matrizes podem ser declaradas de várias formas em diferentes linguagens. Segue-se uma ilustração.

Elementos
Matriz int [10] = {10, 20, 30, 40, 50, 60, 70, 80, 85, 90}
▼ ▼ ▼ ▼
Tipo Nome Tamanho Índice 0

De acordo com a ilustração acima, os pontos importantes a ter em conta são os seguintes

*   O índice começa com 0.
*   O comprimento da matriz é 10, o que significa que pode armazenar 10 elementos.
*   Cada elemento pode ser acedido através do seu índice. Por exemplo, podemos ir buscar um elemento ao índice 6 como 70

Operações básicas

Seguem-se as operações básicas suportadas por uma matriz.

*   Traverse - imprime todos os elementos da matriz, um a um.
*   Inserção - Adiciona um elemento no índice dado.
*   Eliminação - Elimina um elemento no índice indicado.
*   Pesquisa - Pesquisa um elemento utilizando o índice dado ou pelo valor.
*   Update - Actualiza um elemento no índice indicado.

A matriz é criada em Python importando o módulo de matriz para o programa python. De seguida, a matriz é declarada como se mostra abaixo.

from array import *
arrayName=array(typecode, [inicializadores])

Typecode são os códigos que são utilizados para definir o tipo de valor que o array irá conter. Alguns typecodes comuns utilizados são:

Tipo de código	Valor
b	Representa um número inteiro assinado de tamanho 1 byte</td>

B	Representa um número inteiro sem sinal de tamanho 1 byte
c	Representa um carácter de tamanho 1 byte
i	Representa um número inteiro assinado de tamanho 2 bytes
I	Representa um número inteiro sem sinal de tamanho 2 bytes
f	Representa um ponto flutuante de tamanho 4 bytes
d	Representa um ponto flutuante de tamanho 8 bytes

Criar uma matriz:

from array import *

array1 = array('i', [10,20,30,40,50])

para x em array1:

print(x)

Saída:

>>>

RESTART: C:/Users/MRCET/AppData/Local/Programs/Python/Python38-32/arr.py

10

20

30

40

50

Aceder aos elementos de uma matriz:

Acesso ao elemento da matriz

Podemos aceder a cada elemento de uma matriz utilizando o índice do elemento.

from array import *

array1 = array('i', [10,20,30,40,50])

print (array1[0])

print (array1[2])

Saída:

RESTART: C:/Usuários/MRCET/AppData/Local/Programas/Python/Python38-32/pyyy/arr2.py 10 30

Métodos de matriz:

Python tem um conjunto de métodos incorporados que pode utilizar em listas/matrizes.

Método	Descrição
anexar()	Adiciona um elemento no final da lista
limpar()	Remove todos os elementos da lista
cópiaQ	Devolve uma cópia da lista
contar()	Devolve o número de elementos com o valor especificado
estender()	Adiciona os elementos de uma lista (ou qualquer iterável) ao fim da lista atual
índice()	Devolve o índice do primeiro elemento com o valor especificado
inserir()	Adiciona um elemento na posição especificada
pop()	Remove o elemento na posição especificada
remover()	Remove o primeiro item com o valor especificado
inverter()	Inverte a ordem da lista
ordenar()	Ordena a lista

Nota: Python não tem suporte incorporado para Matrizes, mas podem ser utilizadas Listas Python.

Exemplo:

>>> college=["mrcet","it","cse"]

>>> faculdade.append("autónomo")

>>> faculdade

['mrcet', 'it', 'cse', 'autonomous']

>>> faculdade.append("eee")

>>> faculdade.append("ece")

```
>>> faculdade
['mrcet', 'it', 'cse', 'autonomous', 'eee', 'ece']
>>> faculdade.pop()
"ece
>>> faculdade
['mrcet', 'it', 'cse', 'autonomous', 'eee']
>>> faculdade.pop(4)
"eee
>>> faculdade
['mrcet', 'it', 'cse', 'autonomous']
>>> faculdade.remove("it")
>>> faculdade
['mrcet', 'cse', 'autonomous']
```

## CAPÍTULO - IV

FICHEIROS, EXCEÇÕES

E/S de ficheiros, tratamento de excepções, introdução a bibliotecas padrão básicas, instalação do pip, demonstração de módulos: Turtle, pandas, numpy, pdb, Explorar pacotes.

Ficheiro I/O :

Um ficheiro é uma informação ou um dado que permanece nos dispositivos de armazenamento do computador. A linguagem Python oferece formas fáceis de manipular estes ficheiros. Geralmente, os ficheiros dividem-se em duas categorias: ficheiros de texto e ficheiros binários. Os ficheiros de texto são texto simples, enquanto os ficheiros binários contêm dados binários que só podem ser lidos pelo computador.

• **Ficheiros de texto:** Neste tipo de ficheiro, cada linha de texto é terminada com um carácter especial chamado EOL (End of Line), que é o carácter de nova linha (\n') em python por defeito.

• **Ficheiros binários:** Neste tipo de ficheiro, não há terminador para uma linha e os dados são armazenados depois de convertidos numa linguagem binária compreensível para a máquina.

Ficheiros de texto:

Podemos criar os ficheiros de texto utilizando a sintaxe:

Variável name=open ("file.txt", modo de ficheiro)

Por ex.: f= open ("hello.txt", "w+")

• Declaramos a variável f para abrir um ficheiro chamado hello.txt. **Open** recebe 2 argumentos, o ficheiro que queremos abrir e uma string que representa o tipo de permissão ou operação que queremos fazer no ficheiro

• Aqui utilizámos a letra "w" no nosso argumento, que indica escrever e o sinal de mais que significa que irá criar um ficheiro se este não existir na biblioteca

• As opções disponíveis ao lado de "w" são "r" para ler e "a" para anexar e o sinal de mais significa que, se não existir, deve ser criada

Modos de ficheiro em Python:

Modo Descrição

'r'	Este é o modo predefinido. Abre o ficheiro para leitura.
'w'	Este modo abre o ficheiro para escrita. Se o ficheiro não existir, é criado um novo ficheiro. Se o ficheiro existir, trunca o ficheiro.
'x'	Cria um novo ficheiro. Se o ficheiro já existir, a operação falha.
'a'	Abrir o ficheiro em modo de anexação. Se o ficheiro não existir, é criado um novo ficheiro.
't'	Este é o modo predefinido. Abre-se em modo de texto.
'b'	Abre-se em modo binário.
'+'	Isto abrirá um ficheiro para leitura e escrita (atualização)

Ler e escrever ficheiros:

A imagem seguinte mostra como criar e abrir um ficheiro de texto no notepad a partir da linha de comandos

(or)

Prima Enter e aparece a seguinte mensagem: "Abrir ou não abrir?

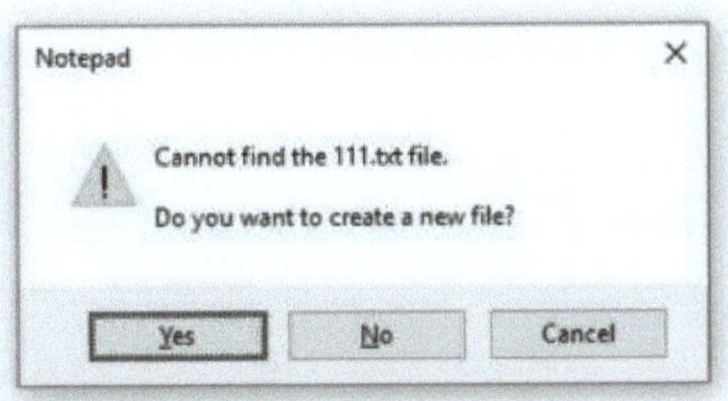

Clique em "sim" para abrir ou em "não" para cancelar
# **Escrever um programa python para abrir e ler um ficheiro**
a=open("um.txt", "r")
print(a.read())
a.fechar()
Saída:

C:/Users/MRCET/AppData/Local/Programs/Python/Python38-32/filess/f1.py Bem-vindo à programação em python
(ou)

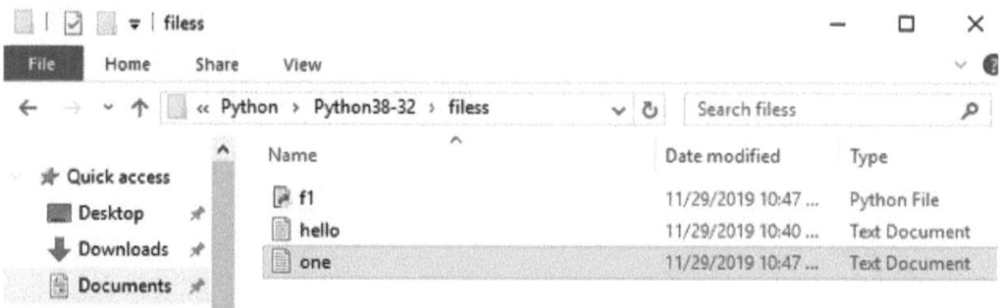

Nota: Todos os ficheiros do programa e os ficheiros de texto têm de ser guardados juntos num determinado ficheiro e, em seguida, só o programa executa as operações no modo de ficheiro indicado

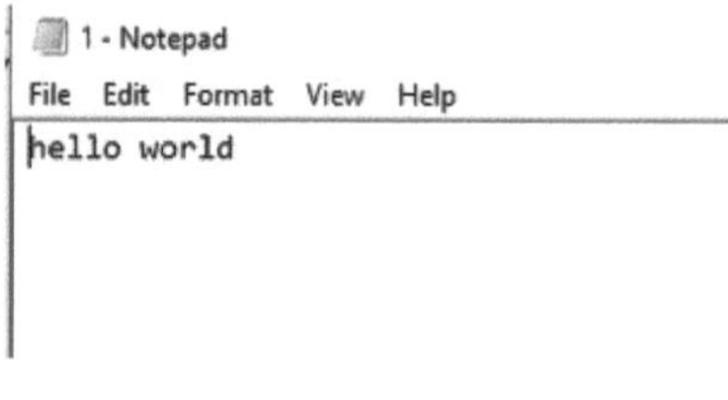

f.close() - Isto irá fechar a instância do ficheiro somefile.txt armazenado
 # Escrever um programa python para abrir e escrever "hello world" num ficheiro?
```
f=open("1.txt", "a")
f.write("hello world")
f.close()
```
Saída:

(or)

Nota: No programa acima, o ficheiro 1.txt é criado automaticamente e adiciona hello world ao ficheiro txt

Se continuarmos a executar o mesmo programa por mais de uma vez, ele anexa os dados tantas vezes

Escreva um programa python para escrever o conteúdo "hi python programming" para o ficheiro existente.
```
f=open("1.txt",'w')
f.write("hi python programming")
f.close()
```

Saída:

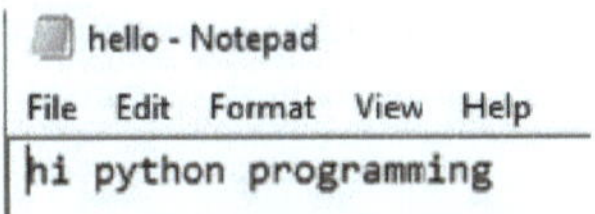

No programa acima, o ficheiro hello txt é composto por dados como

```
C:\Users\MRCET\AppData\Local\Programs\Python\Python38-32\filess>type hello.txt
Hello mrcet
good morning
how r u
```

Mas quando tentamos escrever alguns dados no mesmo ficheiro, este sobrepõe-se e é guardado com os dados actuais (verificar a saída)

```
C:\Users\MRCET\AppData\Local\Programs\Python\Python38-32\filess>type hello.txt
hi python programming
```

Escreva um programa python para abrir e escrever o conteúdo num ficheiro e lê-lo.

```
fo=open("abc.txt", "w+")
fo.write("Programação Python")
print(fo.read())
fo.close()
```

Saída:

(or)

```
C:\Users\MRCET\AppData\Local\Programs\Python\Python38-32\filess>type abc.txt
Python Programming introduced for III years
```

Nota: Cria automaticamente o ficheiro abc.txt e escreve os dados nesse ficheiro

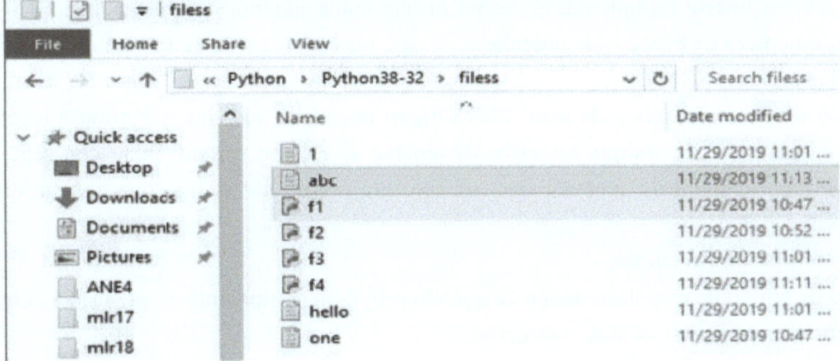

Tratamento de excepções:

Erros e excepções:

Uma exceção é um evento que ocorre durante a execução de um programa e que interrompe o fluxo normal das instruções do programa. Em geral, quando um script Python encontra uma situação com a qual não consegue lidar, levanta uma exceção. Uma exceção é um objeto Python que representa um erro.

Erros de Python e excepções incorporadas: Python (interpretador) levanta excepções quando encontra **erros.** Quando escrevemos um programa, é muito frequente encontrarmos erros. O erro causado por não seguir a estrutura correta (sintaxe) da linguagem é chamado erro de sintaxe ou erro de análise

ZeroDivisionError:

ZeroDivisionError em Python indica que o segundo argumento utilizado numa operação de divisão (ou módulo) era zero.

OverflowError:

OverflowError em Python indica que uma operação aritmética excedeu os limites do tempo de execução atual do Python. Isso é tipicamente devido a valores float excessivamente grandes, já que valores inteiros que são muito grandes optarão por gerar erros de memória.

ImportError:

Surge quando se tenta importar um módulo que não existe. Isto pode acontecer se tiver cometido um erro de digitação no nome do módulo ou se o módulo não existir no seu caminho padrão. No exemplo abaixo, um módulo chamado "non_existing_module" está a ser importado, mas não existe, pelo que é criada uma exceção de erro de importação.

IndexError:

É criada uma exceção IndexError quando se faz referência a uma sequência que está fora do intervalo. No exemplo abaixo, a lista abc contém apenas 3 entradas, mas o 4º índice está a ser acedido, o que resultará numa exceção IndexError.

TypeError:

Quando dois tipos de objectos não relacionados são combinados, é criada a exceção TypeError. No exemplo abaixo, um int e uma string são adicionados, o que resultará na exceção TypeError.

IndentationError:

Indentação inesperada. Como mencionado na secção "espera-se um bloco indentado", o Python não só insiste na indentação, como insiste numa indentação consistente. És livre de escolher o número de espaços de indentação a usar, mas depois tens de te manter fiel a ele.

Erros de sintaxe:

Estes são o tipo mais básico de erro. Eles surgem quando o analisador Python é incapaz de entender uma linha de código. Os erros de sintaxe são quase sempre fatais, ou seja, quase nunca há uma maneira de executar com sucesso um pedaço de código que contém erros de sintaxe.

Erro de tempo de execução:

Um erro de tempo de execução acontece quando o Python compreende o que está a dizer, mas tem problemas ao seguir as suas instruções.

Erro de chave :

Python levanta um KeyError sempre que um objeto dict() é pedido (utilizando o formato a = adict[key]) e a chave não está no dicionário.

Erro de valor:

Em Python, um valor é a informação que é armazenada dentro de um determinado objeto. Encontrar um ValueError em Python significa que existe um problema com o conteúdo do objeto ao qual tentaste atribuir o valor.

Python tem muitas excepções incorporadas que obrigam o teu programa a emitir um erro quando algo corre mal. Em Python, os utilizadores podem definir essas excepções criando uma nova classe. Esta classe de exceção tem de ser derivada, direta ou indiretamente, da classe Exception.

Diferentes tipos de excepções:

- ArrayIndexOutOfBoundException.
- ClassNotFoundException.
- FileNotFoundException.
- IOException.
- InterruptedException.
- NoSuchFieldException.
- NoSuchMethodException

Tratamento de excepções:

A causa de uma exceção é frequentemente externa ao próprio programa. Por exemplo, uma entrada incorrecta, um dispositivo IO com mau funcionamento, etc. Como o programa termina abruptamente ao encontrar uma exceção, pode causar danos nos recursos do sistema, como ficheiros. Por conseguinte, as excepções devem ser tratadas corretamente para evitar o encerramento abrupto do programa.

Python utiliza as palavras-chave try e except para tratar excepções. Ambas as palavras-chave são seguidas por blocos indentados.

Sintaxe:

tentar :

#declarações no bloco try

exceto :

#executado quando ocorre um erro no bloco try

Normalmente, vemos, na maioria das vezes

- **Erros sintácticos** (ortografia incorrecta, dois pontos(:)em falta ....), a nível do programador e a nível da compilação dá erros.
- **Erros lógicos** (2+2=4, em vez de obtermos a saída como 3, ou seja, saída incorrecta,), Enquanto programador, testamos a aplicação e, durante esse período, podem surgir erros lógicos.
- **Erro em tempo de execução** (neste caso, se o utilizador não souber dar a entrada, 5/6 está bem, mas se o utilizador disser 6 e 0, ou seja, 6/0 (mostra o erro que um número não pode ser dividido por zero)).

As coisas que temos de observar são:

1. Deve ser capaz de compreender os erros; o erro pode ser cometido pelo utilizador, pela ligação à base de dados ou pelo servidor.

2. Sempre que houver um erro, a execução não deve parar.

Ex: Transação bancária

3. O objetivo é que a execução não pare mesmo que ocorra um erro.

Por ex:

a=5

b=2

print(a/b)
print("Bye")
Saída:
C:/Usuários/MRCET/AppData/Local/Programas/Python/Python38-32/pyyy/ex1.py
2.5
Adeus
**- O exemplo acima é uma execução normal sem erro, mas se dissermos que quando b=0,
é um erro crítico e dá erro, ver abaixo**
a=5
b=0
print(a/b)
print("bye") #isto tem de ser impresso, mas com uma terminação anormal
Saída:
Traceback (última chamada mais recente):
Ficheiro "C:/Users/MRCET/AppData/Local/Programs/Python/Python38-32/pyyy/ex2.py",
linha
3,   em <módulo>
print(a/b)
ZeroDivisionError: divisão por zero
- **Para ultrapassar isto, tratamos as excepções utilizando a palavra-chave except**
a=5
b=0
tentar:
print(a/b)
exceto Exceção:
print("o número não pode ser dividido por zero")
print("bye")
Saída:
C:/Usuários/MRCET/AppData/Local/Programas/Python/Python38-32/pyyy/ex3 .py
o número não pode ser dividido por zero
adeus
- **O bloco except só é executado quando o bloco try tem um erro, veja abaixo**
a=5
b=2
tentar:
print(a/b)
exceto Exceção:
print("o número não pode ser dividido por zero")
print("bye")
Saída:
C:/Usuários/MRCET/AppData/Local/Programas/Python/Python38-32/pyyy/ex4.py
2.5

- **Por exemplo, se quisermos imprimir uma mensagem como "o que é um erro num programa", utilizamos "e", que é a representação ou objeto de uma exceção.**

a=5

b=0

tentar:

print(a/b)

exceto Exceção como e:

print("o número não pode ser dividido por zero",e)

print("bye")

Saída:

C:/Users/MRCET/AppData/Local/Programs/Python/Python38-32/pyyy/ex5.py o número não

pode ser dividido por zero **divisão por zero** bye

1 ⸮
(Tipo de erro)

Vejamos mais alguns exemplos:

Não quero imprimir bye, mas quero fechar o ficheiro sempre que este for aberto. a=5

b=2

tentar:

print("recurso aberto")

print(a/b)

print("recurso encerrado")

exceto Exceção como e:

print("o número não pode ser dividido por zero",e)

Saída:

C:/Users/MRCET/AppData/Local/Programs/Python/Python38-32/pyyy/ex6.py recurso aberto

2.5

recurso encerrado

- **Nota: o ficheiro é aberto e fechado corretamente, mas veja-se que alterando o valor de b para 0,**

a=5

b=0

tentar:

print("recurso aberto")

73

print(a/b)
print("recurso encerrado")
exceto Exceção como e:
print("o número não pode ser dividido por zero",e)
Saída:
C:/Usuários/MRCET/AppData/Local/Programas/Python/Python38-32/pyyy/ex7.py
recurso aberto
o número não pode ser dividido por zero divisão por zero
- **Nota: recurso não encerrado**
- **Para ultrapassar isto, mantenha print("resource closed") no bloco except, veja**
a=5
b=0
tentar:
print("recurso aberto")
print(a/b)
exceto Exceção como e:
print("o número não pode ser dividido por zero",e)
print("recurso encerrado")
Saída:
C:/Usuários/MRCET/AppData/Local/Programas/Python/Python38-32/pyyy/ex8.py
recurso aberto
o número não pode ser dividido por zero divisão por zero
recurso encerrado
- O resultado é bom, o ficheiro é aberto e fechado, mas altere novamente o valor de b para trás (ou seja, valor 2 ou diferente de zero)
a=5
b=2
tentar:
print("recurso aberto")
print(a/b)
exceto Exceção como e:
print("o número não pode ser dividido por zero",e)
print("recurso encerrado")
Saída:
C:/Usuários/MRCET/AppData/Local/Programas/Python/Python38-32/pyyy/ex9.py
recurso aberto
2.5
- **Mas, mais uma vez, o mesmo problema: o ficheiro/recurso não está fechado**
- **Para ultrapassar isto, o Python tem uma funcionalidade chamada finally:**
$'_r$
Este bloco é executado mesmo que tenhamos um erro ou não
Nota: O bloco Except só é executado quando o bloco try apresenta um erro, mas o bloco finally é executado, mesmo que se obtenha uma exceção.
a=5
b=0
tentar:
print("recurso aberto") print(a/b)

k=int(input("introduza um número"))
imprimir(k)
except ZeroDivisionError as e:
print("o valor não pode ser dividido por zero",e)
finalmente:
print("recurso encerrado")
Saída:
C:/Usuários/MRCET/AppData/Local/Programas/Python/Python38-32/pyyy/ex10.py
recurso aberto
o valor não pode ser dividido por zero divisão por zero
recurso encerrado
* **alterar o valor de b para 2 no programa acima, verá a saída como**
C:/Users/MRCET/AppData/Local/Programs/Python/Python38-32/pyyy/ex10.py recurso open
2.5 introduzir um número 6 6 recurso closed
* **Em vez disso, dê a entrada como um caractere ou uma string para o programa acima, verifique a saída**
C:/Usuários/MRCET/AppData/Local/Programas/Python/Python38-32/pyyy/ex10.py
recurso aberto
2.5
introduzir um número p
recurso encerrado
Traceback (última chamada mais recente):
Ficheiro "C:/Users/MRCET/AppData/Local/Programs/Python/Python38-32/pyyy/ex10.py",
linha
7, em <módulo>
k=int(input("introduza um número"))
ValueError: literal inválido para int() com base 10: ' p'
#
a=5
b=0
tentar:
print("recurso aberto")
print(a/b)
k=int(input("introduza um número"))
imprimir(k)
except ZeroDivisionError as e:
print("o valor não pode ser dividido por zero",e)
except ValueError as e:
print("entrada inválida")
exceto Exceção como e:
print("algo correu mal...",e)
finalmente:
print("recurso encerrado")

Saída:

C:/Usuários/MRCET/AppData/Local/Programas/Python/Python38-32/pyyy/ex11.py

recurso aberto

o valor não pode ser dividido por zero divisão por zero

recurso encerrado

- Alterar o valor de b para 2 e dar a entrada como um carácter ou uma cadeia (que não seja int)

C:/Usuários/MRCET/AppData/Local/Programas/Python/Python38-32/pyyy/ex12.py

recurso aberto

2.5

introduzir um número p

entrada inválida

recurso encerrado

Introdução às bibliotecas padrão básicas:

- Os módulos referem-se a um ficheiro que contém instruções e definições Python.

- Utilizamos módulos para dividir grandes programas em pequenos ficheiros geríveis e organizados. Além disso, os módulos permitem a reutilização do código.

- Podemos definir as nossas funções mais utilizadas num módulo e importá-lo, em vez de copiar as suas definições para diferentes programas.

- **A programação modular** refere-se ao processo de dividir uma tarefa de programação grande e pesada em subtarefas ou **módulos** separados, mais pequenos e mais fáceis de gerir.

Vantagens :

- **Simplicidade:** Em vez de se concentrar em todo o problema em questão, um módulo normalmente se concentra em uma parte relativamente pequena do problema. Se estiver a trabalhar num único módulo, terá um domínio de problema mais pequeno para resolver. Isto torna o desenvolvimento mais fácil e menos propenso a erros.

- **Manutenibilidade:** Os módulos são normalmente concebidos de modo a imporem limites lógicos entre diferentes domínios de problemas. Se os módulos forem escritos de uma forma que minimize a interdependência, há uma menor probabilidade de que as modificações num único módulo tenham impacto noutras partes do programa. Isto torna mais viável que uma equipa de muitos programadores trabalhe em colaboração numa grande aplicação.

- **Reutilização:** A funcionalidade definida num único módulo pode ser facilmente reutilizada (através de uma interface adequadamente definida) por outras partes da aplicação. Isto elimina a necessidade de recriar código duplicado.

- **Escopo:** Os módulos normalmente definem um **espaço de nomes** separado, o que ajuda a evitar colisões entre identificadores em diferentes áreas de um programa.

- **Funções, módulos** e **pacotes** são construções em Python que promovem a modularização do código.

Um ficheiro que contenha código Python, por exemplo: exemplo.py, é chamado um módulo e o seu nome de módulo seria exemplo.

```
>>> def add(a,b):
resultado=a+b
devolver resultado
```

Este programa adiciona dois números e devolve o resultado"""

```
def add(a,b):
    """This program adds two numbers and return the result"""
    result=a+b
    return result
```

Aqui, definimos uma função add() dentro de um módulo chamado example. A função recebe dois números e devolve a sua soma.

A forma de importar o módulo é:

• Podemos importar as definições dentro de um módulo para outro módulo ou para o interpretador interativo em Python.

• Usamos a palavra-chave import para o fazer. Para importar o nosso módulo de exemplo previamente definido, escrevemos o seguinte na linha de comandos Python.

• Utilizando o nome do módulo, podemos aceder à função utilizando a operação ponto (.). Por exemplo:

>>> importar exemplo

>>> exemplo.add(5,5)

10

• Python tem uma tonelada de módulos padrão disponíveis. Os módulos standard podem ser importados da mesma forma que importamos os nossos módulos definidos pelo utilizador.

Recarregar um módulo:

def hi(a,b):

print(a+b)

hi(4,4)

Saída:

C:/Usuários/MRCET/AppData/Local/Programas/Python/Python38-32/pyyy/add.py

8

>>> import add

8

>>> import add

>>> import add

>>>

O Python fornece uma maneira simples de fazer isso. Podemos usar a função reload() dentro do módulo imp para recarregar um módulo. É assim que isso é feito.

• >>> import imp

• >>> import my_module

• Este código foi executado >>> import my_module >>> imp.reload(my_module) Este código foi executado <module 'my_module' from '.\\my_module.py'>como é feito.

>>> import imp

>>> import add

>>> imp.reload(add)

8

<module 'add' from 'C:/Users/MRCET/AppData/Local/Programs/Python/Python38-32/pyyy\\add.py'>

A função incorporada dir()

>>> importar exemplo

>>> dir(exemplo)

['__builtins__', '__cached__', '__doc__', '__file__', '__loader__', '__name__', '__package__', '__spec__', 'add']

>>> dir()

['__annotations__',   '__builtins__', '__doc__',   '__file__',   '__loader__', '__name__', '__package__', '__spec__', '__warningregistry__', 'add', 'example', 'hi', 'imp']

Mostra todos os módulos incorporados e definidos pelo utilizador.

Por ex:

> >> exemplo.__name__

'exemplo'

Módulos (Datetime, Time, os, calendar, math):

Módulo de data e hora:

> **Escreva um programa python para apresentar a data e a hora**

> >> import datetime

>>> a=datetime.datetime(2019,5,27,6,35,40)

>>> a

datetime.datetime(2019, 5, 27, 6, 35, 40)

> **escrever um programa python para mostrar a data**

importar datetime

a=datetime.date(2000,9,18)

imprimir(a)

Saída:

C:/Usuários/MRCET/AppData/Local/Programas/Python/Python38-32/pyyy/d1.py = 2000-09-

18

 # escrever um programa python para mostrar a hora

importar datetime

a=datetime.time(5,3)

imprimir(a)

Saída:

C:/Usuários/MRCET/AppData/Local/Programas/Python/Python38-32/pyyy/d1.py =

05:03:00
#escreva um programa python para imprimir a data, a hora de hoje e de agora.
importar datetime
a=datetime.datetime.today()
b=datetime.datetime.now()
imprimir(a)
imprimir(b)
Saída:
C:/Usuários/MRCET/AppData/Local/Programas/Python/Python38-32/pyyy/d1.py =
2019-11-29 12:49:52.235581
2019-11-29 12:49:52.235581
#escreva um programa python para adicionar alguns dias à sua data atual e imprimir a data adicionada.
importar datetime
a=datetime.date.today()
b=datetime.timedelta(days=7)
print(a+b)
Saída:
C:/Usuários/MRCET/AppData/Local/Programas/Python/Python38-32/pyyy/d1.py =
2019-12-06
#escreve um programa python para imprimir o número de dias que falta escrever para chegares ao teu aniversário
importar datetime
a=datetime.date.today()
b=datetime.date(2020,5,27)
c=b-a

imprimir(c)

Saída:

C:/Users/MRCET/AppData/Local/Programs/Python/Python38-32/pyyy/d1.py = 180 dias,

0:00:00

#escrever um programa python para imprimir a data e a hora utilizando as funções de

data e hora import datetime

t=datetime.datetime.today()

print(t.date())

print(t.time())

Saída:

C:/Usuários/MRCET/AppData/Local/Programas/Python/Python38-32/pyyy/d1.py = 2019-11-

29

12:53:39.226763

#escrever um programa python para mostrar a hora.

tempo de importação

print(time.time())

Saída:

C:/Usuários/MRCET/AppData/Local/Programas/Python/Python38-32/pyyy/t1.py =

1575012547.1584706

#escrever um programa python para obter a estrutura do carimbo de data/hora.

tempo de importação

print(time.localtime(time.time()))

Saída:

C:/Usuários/MRCET/AppData/Local/Programas/Python/Python38-32/pyyy/t1.py =
time.struct_time(tm_year=2019, tm_mon=11, tm_mday=29, tm_hour=13, tm_min=1,
tm_sec=15, tm_wday=4, tm_yday=333, tm_isdst=0)

#escrever um programa python para fazer um carimbo de tempo.

tempo de importação
a=(1999,5,27,7,20,15,1,27,0)
print(time.mktime(a))

Saída:

C:/Usuários/MRCET/AppData/Local/Programas/Python/Python38-32/pyyy/t1.py =
927769815.0

#escrever um programa python utilizando sleep().

tempo de importação
time.sleep(6) #imprime após 6 segundos
print("Laboratório Python")

Saída:

C:/Usuários/MRCET/AppData/Local/Programas/Python/Python38-32/pyyy/t1.py =
Laboratório Python (#imprime após 6 segundos)

>>> import os

```
>>> os.name
"nt
>>> os.getcwd()
'C:\\Users\\MRCET\\AppData\\Local\\Programs\\Python\\Python38-32\\pyyy'
>>> os.mkdir("temp1")
```

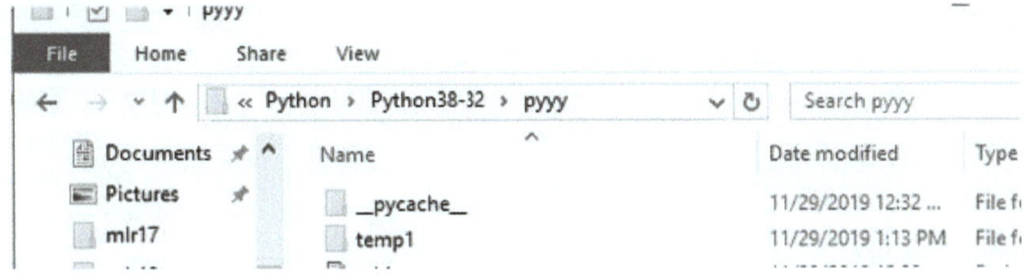

```
>>> os.getcwd()
'C:\\Users\\MRCET\\AppData\\Local\\Programs\\Python\\Python38-32\\pyyy'
>>> open("t1.py", "a")
<_io.TextIOWrapper name='t1.py' mode='a' encoding='cp1252'>
>>> os.access("t1.py",os.F_OK)
Verdadeiro
>>> os.access("t1.py",os.W_OK)
Verdadeiro
>>> os.rename("t1.py", "t3.py")
>>> os.access("t1.py",os.F_OK)
Falso
>>> os.access("t3.py",os.F_OK)
Verdadeiro
>>> os.rmdir('temp1')
(ou)
os.rmdir('C:/Users/MRCET/AppData/Local/Programs/Python/Python38-32/pyyy/temp1')
```

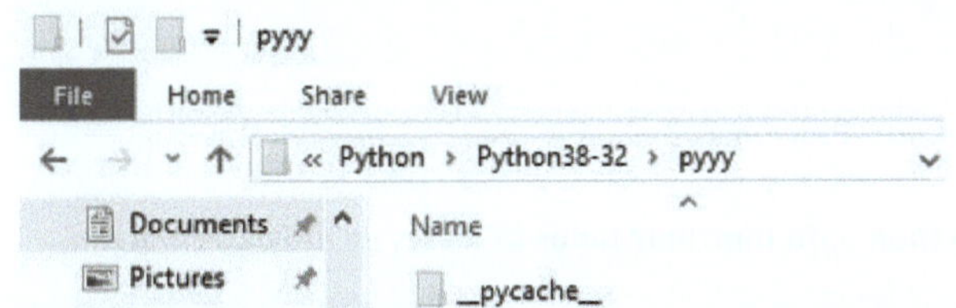

Nota: Temp1dir é removido
```
>>> os.remove("t3.py")
```
Nota: Podemos verificar com o seguinte cmd se foi ou não removido
```
>>> os.access("t3.py",os.F_OK)
Falso
>>> os.listdir()
['add.py', 'ali.py', 'alia.py', 'arr.py', 'arr2.py', 'arr3.py', 'arr4.py', 'arr5.py', 'arr6.py', 'br.py',
'br2.py', 'bubb.py', 'bubb2.py', 'bubb3.py', 'bubb4.py', 'bubbdesc.py', 'clo.py', 'cmndlinarg.py',
'comm.py', 'con1.py', 'cont.py', 'cont2.py', 'd1.py', 'dic.py', 'e1.py', 'example.py', 'f1.y.py',
'flowof.py', 'fr.py', 'fr2.py', 'fr3.py', 'fu.py', 'fu1.py', 'if1.py', 'if2.py', 'ifelif.py', 'ifelse.py',
```

'iff.py', 'insertdesc.py', 'inserti.py', 'k1.py', 'l1.py', 'l2.py', 'link1.py', 'linklisttt.py', 'lis.py', 'listlooop.py', 'm1.py', 'merg.py', 'nesforr.py', 'nestedif.py', 'opprec.py', 'paraarg.py', 'qucksort.py', 'qukdesc.py', 'quu.py', 'r.py', 'rec.py', 'ret.py', 'rn.py', 's1.py', 'scoglo.py', 'selecasce.py', 'selectdecs.py', 'stk.py', 'strmodl.py', 'strr.py', 'strr1.py', 'strr2.py', 'strr3.py', 'strr4.py', 'strrmodl.py', 'wh.py', 'wh1.py', 'wh2.py', 'wh3.py', 'wh4.py', 'wh5.py', '__pycache__']

>>> os.listdir('C:/Users/MRCET/AppData/Local/Programs/Python/Python38-32')

['argpar.py', 'br.py', 'bu.py', 'cmndlinarg.py', 'DLLs', 'Doc', 'f1.py', 'f1.txt', 'filess', 'functupretval.py', 'funturet.py', 'gtopt.py', 'include', 'Lib', 'libs', 'LICENSE.txt', 'lisparam.py', 'mysite', 'NEWS.txt', 'niru', 'python.exe', 'python3.dll', 'python38.dll', 'pythonw.exe', 'pyyy', 'Scripts', 'srp.py', 'sy.py', 'symod.py', 'tcl', 'the_weather', 'Tools', 'tupretval.py', 'vcruntime140.dll']

Módulo de calendário:

#escrever um programa python para mostrar um determinado mês de um ano utilizando o módulo calendar.

importar calendário

print(calendar.month(2020,1))

Saída:

```
">
= RESTART : C :/Users/MRCET/AppData/Local/Prograns/Python/Python38-32/pyyy/cll.py
     January 2020
Mo Tu We Th Fr Sa Su
       1  2  3  4  5
 6  7  8  9 10 11 12
13 14 15 16 17 18 19
20 21 22 23 24 25 26
27 28 29 30 31
```

 #   escrever um programa python para verificar se o ano dado é bissexto ou não.

importar calendário

print(calendar.isleap(2021))

Saída:

C:/Usuários/MRCET/AppData/Local/Programas/Python/Python38-32/pyyy/cl1.py

Falso

 #   escrever um programa python para imprimir todos os meses de um determinado ano.

importar calendário

print(calendar.calendar(2020,1,1,1))

Saída:

```
">
= RESTART : C :/Users/MRCET/AppData/Local/Programs/Python/Python38-32
                                        2020

              January                    February                     March
     Mo Tu We Th Fr Sa Su       Mo Tu We Th Fr Sa Su       Mo Tu We Th Fr Sa Su
            1  2  3  4  5                         1  2                          1
      6  7  8  9 10 11 12        3  4  5  6  7  8  9        2  3  4  5  6  7  8
     13 14 15 16 17 18 19       10 11 12 13 14 15 16        9 10 11 12 13 14 15
     20 21 22 23 24 25 26       17 18 19 20 21 22 23       16 17 18 19 20 21 22
     27 28 29 30 31             24 25 26 27 28 29          23 24 25 26 27 28 29
                                                           30 31

               April                       May                         June
     Mo Tu We Th Fr Sa Su       Mo Tu We Th Fr Sa Su       Mo Tu We Th Fr Sa Su
            1  2  3  4  5                      1  2  3        1  2  3  4  5  6  7
      6  7  8  9 10 11 12        4  5  6  7  8  9 10        8  9 10 11 12 13 14
     13 14 15 16 17 18 19       11 12 13 14 15 16 17       15 16 17 18 19 20 21
     20 21 22 23 24 25 26       18 19 20 21 22 23 24       22 23 24 25 26 27 28
     27 28 29 30                25 26 27 28 29 30 31       29 30

               July                       August                    September
     Mo Tu We Th Fr Sa Su       Mo Tu We Th Fr Sa Su       Mo Tu We Th Fr Sa Su
            1  2  3  4  5                         1  2        1  2  3  4  5  6
      6  7  8  9 10 11 12        3  4  5  6  7  8  9        7  8  9 10 11 12 13
     13 14 15 16 17 18 19       10 11 12 13 14 15 16       14 15 16 17 18 19 20
     20 21 22 23 24 25 26       17 18 19 20 21 22 23       21 22 23 24 25 26 27
     27 28 29 30 31             24 25 26 27 28 29 30       28 29 30
                                31

              October                    November                    December
     Mo Tu We Th Fr Sa Su       Mo Tu We Th Fr Sa Su       Mo Tu We Th Fr Sa Su
               1  2  3  4                            1        1  2  3  4  5  6
      5  6  7  8  9 10 11        2  3  4  5  6  7  8        7  8  9 10 11 12 13
     12 13 14 15 16 17 18        9 10 11 12 13 14 15       14 15 16 17 18 19 20
     19 20 21 22 23 24 25       16 17 18 19 20 21 22       21 22 23 24 25 26 27
     26 27 28 29 30 31          23 24 25 26 27 28 29       28 29 30 31
                                30
```


módulo de matemática:

 #   escrever um programa python que aceite o raio de um círculo do utilizador e calcule a área.

importar matemática

r=int(input("Introduza o raio:"))

área=math.pi*r*r

print("A área do círculo é:",área)

Saída:

C:/Usuários/MRCET/AppData/Local/Programas/Python/Python38-32/pyyy/m.py =

Introduzir radius:4

A área do círculo é: 50.26548245743669

>>> import math

>>> print("O valor de pi é", math.pi)

O/P: O valor de pi é 3,141592653589793

Importar com renomeação:

* Podemos importar um módulo renomeando-o da seguinte forma.

- **Por ex:**

>>> **import math as m**

>>> **print("O valor de pi é", m.pi)**

O/P: O valor de pi é 3,141592653589793

- Mudámos o nome do módulo de matemática para m. Isto pode poupar-nos tempo de digitação em alguns casos.

- Note-se que o nome math não é reconhecido no nosso âmbito. Assim, math.pi é inválido, m.pi é a implementação correta.

Python from...declaração de importação:

- Podemos importar nomes específicos de um módulo sem importar o módulo como um todo. Eis um exemplo.

>>> from math import pi

>>> print("O valor de pi é", pi)

O/P: O valor de pi é 3,141592653589793

- Importámos apenas o atributo pi do módulo.

- Neste caso, não utilizamos o operador de ponto. Poderíamos ter importado vários atributos da seguinte forma.

>>> from math import pi, e

>>> pi

3.141592653589793

>>> e

2.718281828459045

Importar todos os nomes:

- Podemos importar todos os nomes (definições) de um módulo utilizando a seguinte construção.

>>>from math import *

>>>imprimir("O valor de pi é", pi)

- Importámos todas as definições do módulo math. Isto torna todos os nomes, exceto os que começam por um sublinhado, visíveis no nosso âmbito.

Instalação do pip

Introdução

PIP é um sistema de gerenciamento de pacotes usado para instalar e gerenciar pacotes de software escritos em Python. Significa "programa instalador preferido" ou "Pip Installs Packages".

PIP para Python é um utilitário para gerenciar instalações de pacotes PyPI a partir da linha de comando.

Se estiver a utilizar uma versão mais antiga do Python no Windows, poderá ter de instalar o PIP. Pode instalar facilmente o PIP no Windows descarregando o pacote de instalação, abrindo a linha de comandos e iniciando o instalador.

Nota: As versões mais recentes do Python vêm com o PIP pré-instalado, mas as versões mais antigas requerem uma instalação manual. O seguinte guia é para a versão 3.4 e superior. Se estiver a utilizar uma versão mais antiga do Python, pode atualizar o Python através do website do Python.

Passo 1: Verificar se o PIP já está instalado

Antes de **instalar o PIP no Windows**, verifique se o PIP já está instalado.

Digite o seguinte comando no prompt de comando:

ajuda do pip

Se o PIP responder, então o PIP está instalado. Caso contrário, haverá um erro dizendo que o programa não pôde ser encontrado.

O PIP é instalado automaticamente com Python 2.7.9+ e Python 3.4+.

O PIP também vem com os ambientes virtuais *virtualenv epyvenv*.

Passo 2: Verificar a instalação do Python

Como um utilitário Python, **o PIP requer uma instalação Python ativa**. Em versões mais recentes do Python e ambientes virtuais habilitados para Python, o PIP já está instalado e não é necessário reinstalá-lo.

Para determinar se tem o Python instalado:

- Abra a janela do prompt de comando.
- Quando a janela da consola abrir, escreva:

pitão

Se este comando não for irreconhecível, é necessário instalar o Python antes de instalar o PIP.

Se o comando for reconhecido, o Python responde com a sua versão e uma lista de comandos.

Quando o Python estiver corretamente instalado, deverá ver:

Python 3.7.0 (v3.7.0:1bf9cc5093, 25 de janeiro de 2019, 07:44:31) [MSC v.1914 64 bit (AMD64)] em win32

Digite "help", "copyright", "credits" ou "license" para obter mais informações.

Instalação do PIP no Windows

Passo 1: Descarregar o PIP get-pip.py

Antes de instalar o PIP, descarregue o ficheiro get-pip.py: get-pip.py em pypa.io.

Descarregue o ficheiro para a pasta pretendida no Windows. Pode guardar o ficheiro em qualquer localização, mas lembre-se do caminho para o poder utilizar mais tarde.

Passo 2: Iniciar a linha de comando do Windows

O PIP é um programa de linha de comando. Quando instala o PIP, o comando PIP é adicionado ao seu sistema.

Para abrir a janela do prompt de comando:

- Prima **a tecla Windows + X.**
- Clique em **Executar.**
- Digite **cmd.exe** e prima enter.

Em alternativa, escreva **cmd** na barra de pesquisa do Windows e clique no ícone "Prompt de Comando".

Ambas as opções abrem a janela do prompt de comando. No entanto, tenha em atenção que poderá ter de executar a Prompt de Comando "Como Administrador". Se, a qualquer momento, receber um erro a indicar que não tem as permissões necessárias para executar uma tarefa, terá de abrir a aplicação como administrador.

Para executar a janela do Prompt de Comando "Como Administrador", clique com o botão direito do rato em "Prompt de Comando" e, em seguida, selecione a opção "Executar como...".

Passo 3: Instalar o PIP no Windows

Abra o prompt de comando, se ele ainda não estiver aberto. Use o comando **cd** seguido de um nome de pasta para navegar até o local do arquivo *get-pip.py*. Essa é a pasta que você usou anteriormente como local de download.

Para instalar o PIP, digite o seguinte:

python get-pip.py

A instalação do PIP deve começar. Se o ficheiro não for encontrado, verifique novamente o caminho para a pasta onde guardou o ficheiro.

Pode ver o conteúdo do seu diretório atual utilizando o seguinte comando:

dir

O comando **dir** devolve uma listagem completa do conteúdo de um diretório.

Passo 4: Como verificar a versão do PIP

Para verificar a versão atual do PIP, digite o seguinte comando:

pip --versão

Este comando devolve a versão atual da plataforma.

Passo 5: Verificar a instalação

Depois de ter instalado o PIP, pode testar se a instalação foi bem sucedida escrevendo o seguinte:

ajuda do pip

Se o PIP tiver sido instalado, o programa é executado e o utilizador deve ver:

pip 18.0 a partir de c:\usuários\administrador\appdata\local\programas\python\python37\lib\site-packages\ pip (python 3.7)

Se receber um erro, repita o processo de instalação.

Etapa 6: Configuração

No Windows, o ficheiro de configuração PIP é **%HOME%\pip\pip.ini**.

Existe também um ficheiro de configuração antigo por utilizador. O ficheiro está localizado em **%APPDATA%\pip\pip.ini**.

Pode definir uma localização de caminho personalizada para este ficheiro de configuração utilizando a variável de ambiente **PIP_CONFIG_FILE**.

Atualização do PIP para Python no Windows

Ocasionalmente, são lançadas novas versões do PIP. Estas versões podem melhorar a funcionalidade ou ser obrigatórias por motivos de segurança.

Pode atualizar o PIP no Windows utilizando a janela do Prompt de Comando.

Para atualizar o PIP no Windows, introduza o seguinte na linha de comandos:

python -m pip install --upgrade pip

Este comando primeiro desinstala a versão antiga do PIP e depois instala a versão mais atual do PIP.

Atualizar a versão PIP

Isto pode ser necessário se uma nova versão do PIP começar a ter um desempenho indesejável.

Se pretender fazer o downgrade do PIP para uma versão anterior, pode fazê-lo especificando a versão.

Para fazer o downgrade do PIP, introduza:

python -m pip install pip==18.1

Deverá ver agora a versão do PIP que especificou.

Conclusão

Parabéns, instalou **o PIP para Python no Windows**.

Agora que tem o PIP instalado e a funcionar, está pronto para gerir os seus pacotes Python.

NumPy é uma biblioteca para a linguagem de programação Python, que adiciona suporte para matrizes e arrays grandes e multidimensionais. Confira nosso guia e saiba como instalar o NumPy usando o PIP.

Nota: **ex: pip install numpy**

Demonstrar os módulos:

Tartaruga:

"Turtle" é uma funcionalidade Python como uma prancheta de desenho, que nos permite comandar uma tartaruga para desenhar por todo o lado! Podemos usar funções como turtle.forward(...) e turtle.right(...) que permitem mover a tartaruga:

MÉTODO	PARÂMETRO	DESCRIÇÃO
Tartaruga()	Nenhum	Cria e devolve um novo objeto tutrle
avançar()	montante	Move a tartaruga para a frente na quantidade especificada
para trás()	montante	Move a tartaruga para trás na quantidade especificada
direita()	ângulo	Roda a tartaruga no sentido dos ponteiros do relógio
left()	ângulo	Roda a tartaruga no sentido contrário ao dos ponteiros do relógio
penup()	Nenhum	Pega na caneta da tartaruga
pendente()	Nenhum	Pousa a caneta da tartaruga
para cima()	Nenhum	Pega na caneta da tartaruga
MÉTODO	PARÂMETRO	DESCRIÇÃO
para baixo()	Nenhum	Pousa a caneta da tartaruga
cor()	Nome da cor	Altera a cor da caneta da tartaruga
cor de preenchimento()	Nome da cor	Altera a cor que a tartaruga irá utilizar para preencher um polígono
título()	Nenhum	Devolve o título atual
posição()	Nenhum	Devolve a posição atual
ir()	x, y	Mover a tartaruga para a posição x,y
begin_fill()	Nenhum	Recordar o ponto de partida para um polígono preenchido
end_fill()	Nenhum	Fechar o polígono e preencher com a cor de preenchimento atual
ponto()	Nenhum	Deixar o ponto na posição atual
carimbo()	Nenhum	Deixa uma impressão de uma forma de tartaruga na localização atual
forma()	nome da forma	Deve ser "seta", "clássico", "tartaruga" ou "círculo

Plotagem com Turtle

Para utilizar os métodos e funcionalidades do turtle, precisamos de importar o turtle. O "turtle" vem incluído no pacote Python padrão e não precisa de ser instalado externamente. O roteiro para executar um programa turtle segue 4 passos:

1. Importar o módulo turtle
2. Criar uma tartaruga para controlar.
3. Desenhar à volta utilizando os métodos de tartaruga.
4. Executar turtle.done().

Exemplo:

Escrever um código python para definir a cor de fundo e a imagem e desenhar um círculo utilizando gráficos de tartaruga

PROGRAMA:- import turtle t=turtle.Turtle() t.circle(50) s=turtle.Screen() s.bgcolor("pink") s.bgpic("pic.gif")

SAÍDA:-

Pandas

Pandas é uma biblioteca Python de código aberto que fornece uma ferramenta de manipulação e análise de dados de alto desempenho utilizando as suas poderosas estruturas de dados. O nome Pandas deriva da palavra Panel Data - uma econometria de dados multidimensionais.

Usando o Pandas, podemos realizar cinco etapas típicas no processamento e análise de dados, independentemente da origem dos dados - carregar, preparar, manipular, modelar e analisar.

Python com Pandas é utilizado numa vasta gama de domínios, incluindo os domínios académico e comercial, nomeadamente finanças, economia, estatística, análise, etc.
Principais caraterísticas dos Pandas
* Objeto DataFrame rápido e eficiente com indexação predefinida e personalizada.
* Ferramentas para carregar dados para objectos de dados na memória a partir de diferentes formatos de ficheiros.
* Alinhamento dos dados e tratamento integrado dos dados em falta.
* Reformulação e articulação de conjuntos de datas.
* Corte, indexação e subconjunto de grandes conjuntos de dados com base em etiquetas.
* As colunas de uma estrutura de dados podem ser eliminadas ou inseridas.
* Agrupar por dados para agregação e transformações.
* Fusão e junção de dados de elevado desempenho.
* Funcionalidade de séries temporais.
O Pandas lida com as três estruturas de dados seguintes -
* Série
* DataFrame
* Painel
Dimensão e descrição
A melhor maneira de pensar nestas estruturas de dados é que a estrutura de dados de dimensão superior é um contentor da sua estrutura de dados de dimensão inferior. Por exemplo, DataFrame é um contentor de Series, Panel é um contentor de DataFrame.

Estrutura de dados	Dimensões	Descrição
Série	1	Matriz homogénea marcada 1D, tamanho imutável.
Quadros de dados	2	Estrutura tabular geral 2D rotulada, de tamanho variável, com colunas potencialmente de tipologia heterogénea.
Painel	3	Matriz geral 3D rotulada, de tamanho variável.

Exemplos:
Escreva um programa python para criar um Data Frame com um dicionário.
PROGRAMA:-
importar pandas como pd
one=pd.DataFrame({'Name':["Y oshitha", "Anisha"," Thej aswini"],
'sub_id':['sub1','sub2','sub3'],
'Marks':[92,88,76]}, index=[1,2,3])
print(one)
SAÍDA:-
Naice sub_id Marcas

```
        Name sub_id  Marks
1   Yoshitha    sub1     92
2     Anisha    sub2     88
3 Thejaswini    sub3     76
```

Escreva um programa python para concatenar os dataframes com três objectos diferentes.
PROGRAMA:-
importar pandas como pd
one=pd.DataFrame({'Name':["anisha", "yoshitha", "john"],
'sub_id':['sub1','sub2','sub3'],
'Marcas':[82,98,70]},

index=[1,2,3])
two=pd.DataFrame({'Name':["yukta", "manoj", "amar"],
'sub_id':['sub2','sub4','sub1'],
'Marcas':[72,69,50]},
index=[4,5,6])
three=pd.DataFrame({'Name':["tarun", "harsha", "steve"],
'sub_id':['sub1','sub3','sub4'],
'Marcas':[67,54,40]},
index=[7,8,9])
print(pd.concat([um,dois,três]))
SAÍDA:-

```
==================== RESTAR
        Name  sub_id  Marks
1     anisha    sub1     82
2   ycshitha    sub2     98
3       john    sub3     70
4      yukta    sub2     72
5      manoj    sub4     69
6       amar    sub1     50
7      tarun    sub1     67
8     harsha    sub3     54
9      steve    sub4     40
```

Numpy

NumPy, que significa Numerical Python, é uma biblioteca que consiste em objectos de matrizes multidimensionais e uma coleção de rotinas para processar essas matrizes.

Utilizando NumPy, podem ser efectuadas operações matemáticas e lógicas em matrizes.

Operações com NumPy

Utilizando o NumPy, um programador pode efetuar as seguintes operações -

• Operações matemáticas e lógicas em matrizes.

• Transformadas de Fourier e rotinas para manipulação de formas.

• Operações relacionadas com a álgebra linear. O NumPy tem funções incorporadas para álgebra linear e geração de números aleatórios.

Exemplos:

Utilizando um módulo numpy, criar uma matriz e verificar o seguinte:

1. **Transformar uma matriz 3X4 numa matriz 2X2X3**
2. **Sequência de números inteiros de 0 a 30 com passos de 5**
3. **Achatar a matriz**
4. **matriz de valores constantes de tipo complexo**

PROGRAMA:- import numpy as np arr = np.array([[1, 2, 3, 4], [5, 2, 4, 2], [1, 2, 0, 1]])
newarr = arr.reshape(2, 2, 3) print ("\nVetor original:\n", arr)
print ("Matriz remodelada:\n", newarr)
f = np.arange(0, 30, 5)
print ("\nUma matriz sequencial com passos de 5:\n", f)
arr = np.array([[1, 2, 3], [4, 5, 6]])
flarr = arr.flatten()
print ("\nVetor original:\n", arr)
print ("Matriz achatada:\n", flarr)
d = np.full((3, 3), 6, dtype = 'complex')
print ("\nUma matriz inicializada com todos os 6s." "O tipo de matriz é complexo:\n", d)

<u>SAÍDA:-</u>

```
 Original array:
 [[1 2 3 4]
 [5 2 4 2]
 [1 2 0 1]]
 Reshaped array:
 [[[1 2 3]
  [4 5 2]]

 [[4 2 1]
  [2 0 1]]]

 A sequential array with steps of 5:
 [ 0  5 10 15 20 25]

 Original array:
 [[1 2 3]
 [4 5 6]]
 Flattened array:
 [1 2 3 4 5 6]

 An array initialized with all 6s.Array type is complex:
 [[6.+0.j 6.+0.j 6.+0.j]
 [6.+0.j 6.+0.j 6.+0.j]
 [6.+0.j 6.+0.j 6.+0.j]]
```

<u>Pdb:</u> O termo 'Debugging' é popularmente usado para o processo de localização e retificação de erros num programa. A biblioteca padrão do Python contém o módulo pdb, que é um conjunto de utilitários para depuração de programas Python.

A funcionalidade de depuração é definida numa classe Pdb. O módulo utiliza internamente os módulos bdb e cmd.

O módulo pdb tem uma interface de linha de comandos muito conveniente. É importado no momento da execução do script Python usando a opção -m

python -m pdb script.py

<u>**Exemplos:**</u>

Escreva um código python para efetuar a adição utilizando funções com o módulo pdb.

<u>PROGRAMA:-</u>

```
importar pdb
def add(x,y):
pdb.set_trace()
soma=x+y
retorno soma
def main():
x=int(input("num1: "))
y=int(input("num2: "))
z=add(x,y)
print(z)
principal()
```

<u>SAÍDA:-</u>

Shell Python-

```
num1: 7
num2: 3
> c:\17r21a1217\w16.py(4)add()
-> sum=x+y
(Pdb) c
10
```

Escreva um programa python para adicionar cinco elementos diferentes à lista de forma dinâmica utilizando o módulo pdb.

PROGRAMA:-

importar pdb

l2=[]

pdb.set_trace()

a=int(input("Introduza o primeiro elemento"));

b=int(input("Introduza o segundo elemento"));

c=int(input("Introduzir terceiro elemento"));

d=int(input("Introduza o quarto elemento"));

e=int(input("Enter five elemet"));

l2.append(a)

l2.append(b)

l2.append(c)

l2.append(d)

l2.append(e)

print(l2)

SAÍDA:-

Shell Python-

```
-> a=int(input("Enter first elemet"));
(Pdb) c
Enter first elemet 6
Enter second elemet 8
Enter third elemet 1
Enter fourth elemet 3
Enter five elemet 9
[6, 8, 1, 3, 9]
```

Explorar pacotes:

• Normalmente, não guardamos todos os nossos ficheiros no nosso computador no mesmo local. Utilizamos uma hierarquia bem organizada de diretórios para facilitar o acesso.

• Os ficheiros semelhantes são mantidos na mesma diretoria, por exemplo, podemos manter todas as músicas na diretoria "music". De forma análoga, o Python tem pacotes para diretórios e módulos para ficheiros.

• À medida que o nosso programa de aplicação aumenta de tamanho com muitos módulos, colocamos módulos semelhantes num pacote e módulos diferentes em pacotes diferentes. Isto torna um projeto (programa) fácil de gerir e concetualmente claro.

• Tal como um diretório pode conter sub-diretórios e ficheiros, um pacote Python pode ter sub-pacotes e módulos.

• Um diretório deve conter um ficheiro chamado init   .py para que o Python o considere como

um pacote. Este ficheiro pode ser deixado vazio, mas geralmente colocamos o código de inicialização para esse pacote neste ficheiro.

• Eis um exemplo. Suponhamos que estamos a desenvolver um jogo, uma possível organização de pacotes e módulos poderia ser a mostrada na figura abaixo.

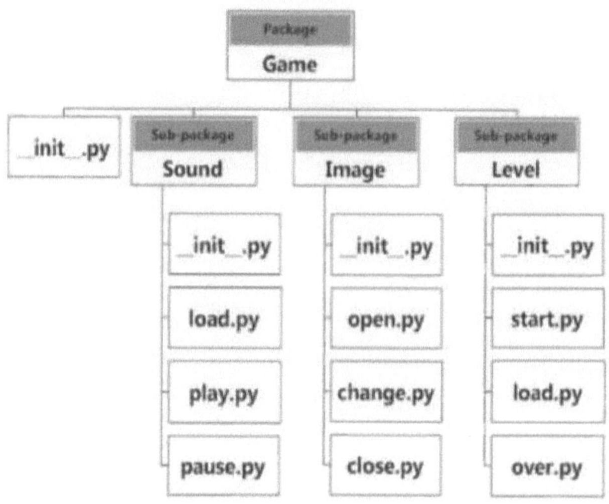

*   Se um ficheiro com o nome   init   .py estiver presente em um diretório de pacote, ele será invocado quando o comando
pacote ou um módulo no pacote é importado. Isso pode ser usado para a execução do código de inicialização do pacote, como a inicialização de dados no nível do pacote.
*   Por exemplo   *init   .py*
*   Um **módulo** no pacote pode aceder ao global importando-o por sua vez
*   Podemos importar módulos de pacotes utilizando o operador ponto (.).
*   Por exemplo, se quisermos importar o módulo start no exemplo acima, isso é feito da seguinte forma.
*   importar Game.Level.start
*   Agora, se este módulo contém uma função chamada **select_difficulty(),** temos de utilizar o nome completo para a referenciar.
*   Game.Level.start.select_difficulty(2)
*   Se esta construção parecer longa, podemos importar o módulo sem o prefixo package da seguinte forma.
*   from Game.Level import start
*   Podemos agora chamar a função simplesmente da seguinte forma.
*   **start.select_difficulty(2)**
*   Outra forma de importar apenas a função necessária (ou classe ou variável) de um módulo dentro de um pacote seria a seguinte.
*   **from Game.Level.start import select_difficulty**
*   Agora podemos chamar diretamente esta função.
*   **select_difficulty(2)**

Exemplos:

#Escrever um programa python para criar um pacote (II ANO), sub-pacote (CSE), módulos (aluno) e criar uma função de leitura e escrita para o módulo

```
def read():
print("Departamento")
def write():
imprimir("Aluno")
```

Saída:

```
>>> from IIYEAR.CSE import student
>>> estudante.read()
Departamento
>>> aluno.escreve()
Estudante
>>> from IIYEAR.CSE.student import read
>>> ler
<função lida em 0x03BD1070>
>>> read()

Departamento

>>> from IIYEAR.CSE.student import write

>>> escrever()

Estudante
```

>   Escrever um programa para criar e importar um módulo?

```
def add(a=4,b=6):
c=a+b

regressar c
```

Saída:

```
C:\Usuários\MRCET\AppData\Local\Programas\Python\Python38-32\IIYEAR\modul.py

>    >> from IIYEAR import modul

>    >> modul.add()

10
```

>   Escreva um programa para criar e mudar o nome do módulo existente.

```
def a():

print("hello world")

a()
```

C:/Users/MRCET/AppData/Local/Programs/Python/Python38-32/IIYEAR/exam.py hello world

>   >> importar exame como ex

olá mundo

CAPÍTULO - V
OOPS , QUADRO

Conceitos de Oops: Objeto, Classe, Método, Herança, Polimorfismo, Abstração de dados, Encapsulamento,

Estruturas Python: Explore o framework django com um exemplo

Oops conceitos:

A POO utiliza o conceito de objectos e classes. Uma classe pode ser considerada como uma "planta" para objectos. Estes podem ter os seus próprios atributos (caraterísticas que possuem) e métodos (acções que executam).

Python é uma óptima linguagem de programação que suporta OOP. Utilizá-la-á para definir uma classe com atributos e métodos, que depois chamará. Python oferece uma série de vantagens em relação a outras linguagens de programação como Java, C++ ou R. É uma linguagem dinâmica, com tipos de dados de alto nível. Isto significa que o desenvolvimento é muito mais rápido do que em Java ou C++. Não exige que o programador declare os tipos de variáveis e argumentos. Isto também torna Python mais fácil de compreender e aprender para os principiantes, sendo o seu código mais legível e intuitivo.

Classe e objeto:

A classe é uma coleção de membros de dados e funções de membros.

A classe é uma impressão digital de um objeto.

O objeto é uma entidade em tempo real. A instância de uma classe é designada por objeto.

Instanciar objectos

Para instanciar um objeto, escreva o nome da classe, seguido de dois parênteses. Pode atribuir isto a uma variável para manter o registo do objeto e depois imprimi-lo

O processo de criação de um objeto é designado por instanciação (atribuição de memória aos membros de dados e à função de membro da classe)

Sintaxe da classe:

Classe <nome da classe> :

Criação de objectos:

Nome da variável=nome da classe()
def displayMethod(self):
self representa como isto em java
Uma classe contém variáveis estáticas e variáveis de instância, bem como métodos.

Programação para visualizar o mrcet através de classes e objectos

exibição de classe:
def displayMethod(self):
print("welcome to mrcet")
#processo de criação de objectos
obj = display()
obj.displayMethod()

Saída:

bem-vindo à mlrit

Definição de um método numa classe:

Para definir um método numa classe, utilizamos def kweyword.

A palavra-chave def é utilizada novamente, bem como o argumento self.

variável e método de chamada:
#Programação para chamar membros de dados e funções utilizando classes e objectos
exibição de classe:
a="olá"
def displayMethod(self):
print("welcome to mrcet")
#processo de criação de objectos
obj = display()
obj.displayMethod()
print(obj.a)
Saída:
bem-vindo ao mrcet

Olá

#escrever um programa para encontrar a soma de dois números usando a classe e os métodos da classe Addition:

a=0

b=0

c=0

def getData(self):

self.a=int(input("Introduza um valor"))

self.b=int(input("Introduzir valor b"))

def add(self):

auto.c=auto.a+auto.b

def display(self):

print("a adição é",self.c)

obj=Adição()

obj.getData()

obj.add()

obj.display()

Saída:

Introduzir um valor3

Introduzir b Valor4

a adição é 7

Construtores:

O construtor é um tipo especial de método que será chamado no momento da criação do objeto.

Python depende do construtor para efetuar a inicialização, ou seja, atribuir valores a quaisquer variáveis de instância

Criar um construtor:

O construtor em python é um método especial que começa com (_) sublinhado duplo.

O nome do construtor é sempre __init__(parâmetros)

Tipos de construtores:

0 argumentos construtor
Argumentos construtor
Construtor por defeito

Construtor com zero args:

O construtor presente sem argumentos

Exemplo:

1. escrever um programa com número de série, nome do aluno, através de construtores com zero args atribuir os valores e atribuir os mesmos.

2. instale 2 objectos e observe o resultado

#Escreva um programa com número de série, nome do aluno, através de construtores com zero args atribua os valores e atribua os mesmos.

aluno da turma:

```
def __init__(self):
self.serialNumber=1
self.nameOfStudent="nirosha"
def display(self):
print("número de série ",self.serialNumber)
print("da: ",self.nameOfStudent)
obj1=estudante()
obj1.display()
obj2=estudante()
obj2.display()
```

Saída:

número de série 1

da: nirosha

número de série 1

da: nirosha

#escrever um programa para encontrar o fatorial de um número dado, utilizando classes e objectos com construtor de zero args

classe fatorial:

```
def __init__(self):
self.first=1
auto.facto=1
def getNumber(self):
self.n=int(input("Introduza um número"))
def factorial1(self):
while self.first<=self.n:
auto.facto=auto.facto*auto.primeiro
self.first=self.first+1
def display(self):
print("fatorial ",self.fact)
obj1=fatorial()
obj1.getNumber()
obj1.factorial1()
obj1.display()
```

Saída:

Introduzir um número5

fatorial 120

construtor parametrizado:

um construtor com parâmetros é conhecido como construtor parametrizado. Utilizado para fornecer valores diferentes a objectos diferentes.

Exemplo:

 # Escrever um construtor parametrizado para fornecer valores ao número de série e ao nome, instanciar dois objectos e apresentar o número de série e o nome, observar a saída

aluno da turma:

def __init__(self,sno,name): self.sno=sno self.name=name

def display(self):

print("número de série ",self.sno)

print("nome ",self.name)

obj1=Estudante(1, "nirosha")

obj1.display()

obj2=Estudante(2, "mrce")

obj2.display()

Saída:

número de série 1

nome nirosha

número de série 2

nome mrcet

<u>Inheriance:</u>

A herança permite-nos definir uma classe que herda todos os métodos e propriedades de outra classe.

A classe parente é a classe da qual se herda, também chamada classe base.

A classe filha é a classe que herda de outra classe, também designada por classe derivada.

Sintaxe:

Base de classe:

Classe derivada(base):

Exemplo:

''' Escreva um programa para criar uma classe-mãe e declarar um método chamado nome da classe-mãe e declarar uma classe-filha, declarar um método nome-filha, instanciar um objeto para a classe-filha e invocar os métodos da superclasse e da subclasse'''

classe Pai:

def parentName(self):

print("nome do pai")

classe Child(Parent):

def childName(self):

print("nome da criança")

o=Filho()

o.childName();

o.parentName();

saída:

nome da criança
nome do pai
>>>
''' construtores no pai e no filho'''
classe Pai:
def __init__(self):
print("o construtor da classe-mãe é chamado")
def parentName(self):
print("nome do pai")
classe Child(Parent):
def __init__(self):
print("o construtor da classe infantil é chamado")
def childName(self):
print("nome da criança")
o=Filho()
o.childName();
o.parentName();
saída:
o construtor da classe filha é chamado
nome da criança
nome do pai
>>>
"Como chamar o construtor da classe pai a partir do construtor filho".
Parent.__init__(self)
''' construtores no pai e no filho'''
classe Pai:
def __init__(self):
print("o construtor da classe-mãe é chamado")
def parentName(self):
print("nome do pai")
classe Child(Parent):
def __init__(self):
Parent.__init__(self)
print("o construtor da classe infantil é chamado")
def childName(self):
print("nome da criança")
o=Filho()
o.childName();
o.parentName();
saída:
o construtor da classe pai chama-se construtor da classe filho chama-se nome do filho
nome do pai
>>>

<u>**Polimorfismo:**</u>

O polimorfismo em Python define métodos na classe filha que têm o mesmo nome que os métodos da classe mãe. Na herança, a classe filha herda os métodos da classe mãe. Além disso, é possível modificar um método numa classe filha que tenha herdado da classe mãe. Podemos usar o conceito de polimorfismo ao criar métodos de classe, pois Python permite que classes diferentes tenham métodos com o mesmo nome.

Polimorfismo em métodos de classe

```python
classe Cat:
def __init__(self, name, age): self.name = name self.age = age
def info(self):
print(f "Eu sou um gato. O meu nome é {self.name}. Tenho {self.age} anos de idade.")
def make_sound(self):
print("Miau")
classe Cão:
def __init__(self, name, age):
self.name = nome
self.age = idade
def info(self):
print(f "Eu sou um cão. O meu nome é {self.name}. Tenho {self.age} anos de idade.")
def make_sound(self):
print("Bark")
cat1 = Cat("Kitty", 2.5)
dog1 = Cão("Fofinho", 4)
para animal em (cat1, dog1):
animal.make_sound()
animal.info()
animal.make_sound()
```

Saída:

Miau

Eu sou um gato. O meu nome é Kitty. Tenho 2 anos e meio de idade.

Miau

Casca

Eu sou um cão. O meu nome é Fluffy. Tenho 4 anos de idade.

Casca

Aqui, criámos duas classes Cat e Dog. Partilham uma estrutura semelhante e têm os mesmos nomes de métodos info() e make_sound().

No entanto, repara que não criámos uma superclasse comum ou ligámos as classes de qualquer forma. Mesmo assim, podemos juntar estes dois objectos diferentes numa tupla e iterar através dela utilizando uma variável animal comum. Isto é possível devido ao polimorfismo.

Abstração de dados:

A abstração em Python é o processo de esconder a implementação real de uma aplicação do utilizador e enfatizar apenas a sua utilização.

Necessidade: Através do processo de abstração em Python, um programador pode esconder todos os dados/processos irrelevantes de uma aplicação, de modo a reduzir a complexidade e aumentar a eficiência.

Classes abstractas em Python

Uma classe que contém um ou mais métodos abstractos é designada por classe abstrata.

Os métodos abstractos não contêm qualquer implementação. Em vez disso, todas as implementações podem ser definidas nos métodos das sub-classes que herdam a classe abstrata. Uma classe abstrata é criada importando uma classe chamada 'ABC' do módulo 'abc' e herdando a classe 'ABC'. Segue-se a sintaxe para criar a classe abstrata.

<u>Sintaxe</u>

from abc import ABC

Class ClassName(ABC):

Exemplo:

```
from abc import ABC, abstractmethod
classe Animal(ABC):
def move(self):
passar
classe Human(Animal):
def move(self):
print("Eu consigo andar e correr")
classe Snake(Animal):
def move(self):
print("I can crawl")
classe Cão(Animal):
def move(self):
print("Eu consigo ladrar")
classe Lion(Animal):
def move(self):
print("I can roar")
# Código do condutor
R = Humano()
R.move()
K = Serpente()
K.move()
R = Cão()
R.move()
K = Leão()
K.move()
```

Saída:

```
Posso andar e correr
Posso rastejar
Posso ladrar
Eu posso rugir
```

<u>Encapsulamento:</u>

O conceito de encapsulamento consiste em manter juntos a implementação (código) e os dados que manipula (variáveis). Um encapsulamento correto garante que o código e os dados estão protegidos contra a utilização indevida por entidades externas.

Encapsulamento em Python

Em qualquer linguagem orientada a objectos, o primeiro passo para o encapsulamento é a classe e o encapsulamento em Python também começa a partir de uma classe, uma vez que a classe encapsula os métodos e as variáveis.

Quando uma classe Python é criada, ela contém os métodos e as variáveis. Uma vez que é o código nos métodos que opera nas variáveis, numa classe Python devidamente encapsulada, os métodos devem definir como as variáveis membro podem ser utilizadas.

Mas é aí que as coisas diferem um pouco em Python de uma linguagem como Java, onde temos modificadores de acesso como public, private. Em Python não existem modificadores de acesso explícitos e tudo o que é escrito na classe (métodos e variáveis) é público por defeito.

Por exemplo, na classe Pessoa existem duas variáveis, como se pode ver essas variáveis são acedidas através de um método e também diretamente.

```
classe Pessoa:
def init        (self, name, age=0):
nome próprio = nome
idade própria = idade
def display(self):
print(self.name)
print(self.age)
pessoa = Pessoa('João', 40)
#acesso através de um método de classe
pessoa.exibir()
#Acesso direto a partir do exterior
print(pessoa.nome)
print(pessoa.idade)
```

Saída:

João
40
João
40

Explorar a estrutura django com um exemplo:

O Django é uma estrutura web em python de código aberto **utilizada** para o desenvolvimento rápido, pragmático, de fácil manutenção, design limpo e segurança de sítios Web. ... O principal objetivo da estrutura **Django** é permitir que os programadores se concentrem nos componentes da aplicação que são novos, em vez de perderem tempo com componentes já desenvolvidos.

Para obter a versão do Django :

Python -m django -versão

Para iniciar um projeto, vá para o caminho python, a partir daí abra a linha de comandos e comece a criar um projeto

$ django-admin startproject mysite

Mover para o dir mysite

cd mysite

python manage.py servidor

Efetuar a verificação do sistema

Servidor de desenvolvimento de stratégias em
http://127.0.0.1:8000/

copie o url e cole-o, depois mostra que **a aplicação Django foi instalada com sucesso**

Para sair prima ctrl+c

Mysite> python manage.py startapp polls

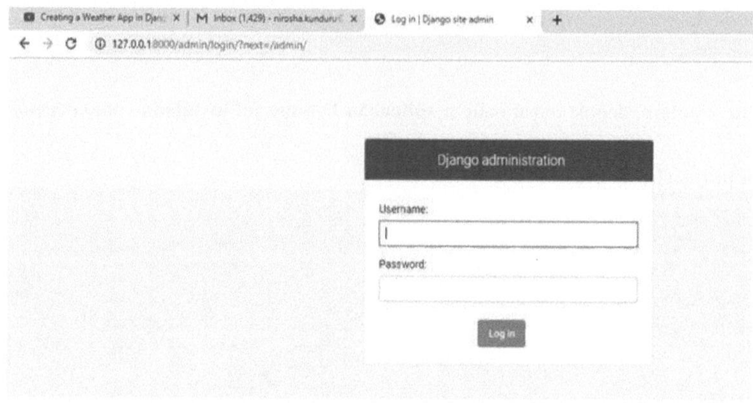

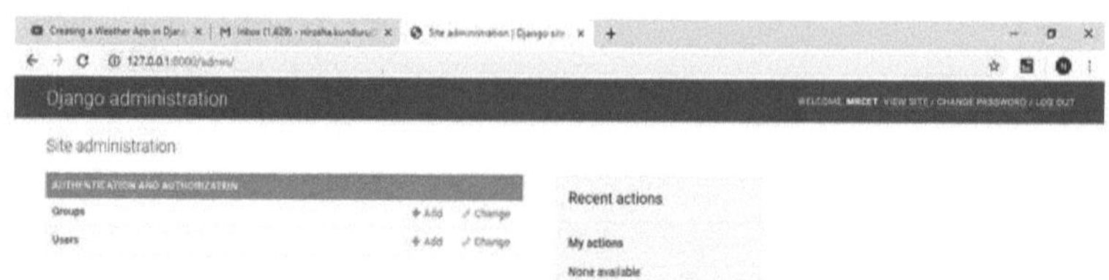

A partir daqui, criamos as nossas vistas em polls/views.py

Para criar o URLconf no diretório de sondagens, crie um ficheiro urls.py, ou seja, polls/urls.py

Próximo passo para apontar o URLconf para polls.urls

Mysite> python manage.py servidor de execução

Em seguida, vá para o sítio Web e cole o URL (127.0.0.0:8000/polls/) que definiu na vista de índice para mostrar o resultado

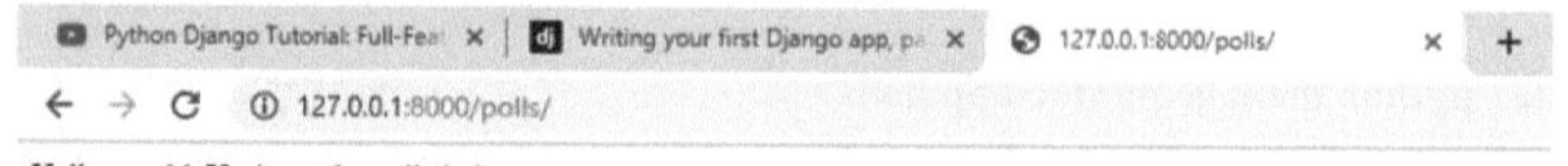

Hello, world. You're at the polls index.